大台北宜蘭

Keelung・Taipei・New Taipei・Yilan

小村 × 步道 **100**

步道達人
Tony 黃育智◎著

達人全程帶隊影音版

朱雀文化

出門走走！擁抱大自然！

小村×步道100提案，陪您走出健康的人生

　　自2019年開始，這二、三年來，台灣歷經一波又一波COVID-19疫情，影響深遠。國外旅行，長途遠遊，成了奢不可求的夢想，而能夠在台灣近郊走走，短途旅行，成為疫情生活下，想喘口氣的小確幸。

　　這本新作《大台北宜蘭小村×步道 100 Plus達人全程帶隊影音版》就在這樣的氛圍中與您見面。2021年《大台北步道 100 影音增強版》問市之後，深受讀者的喜愛，為了因應當前的旅遊氛圍──「出去走走，擁抱大自然」，我對步道的路線選擇，在這本新書做了一些調整，不囿於傳統的自然步道，將範圍擴大，包括了近郊老街、茶鄉、山村、漁港、礦村、農村、部落等各種類型小村聚落的步道或鄉間小路散步路線，因此眼尖的讀者或許發現有些步道《大台北步道100影音增強版》介紹過，這是因為我將步道擴大到聚、小村，希望讀者將旅遊角度延伸到村落，深度認識在地文化。

　　至於範圍，除了原本的台北、新北及基隆外，也擴大範圍到宜蘭。

▲ 基隆燈塔

2

▲ 壯圍沙丘服務區

在國道五通車以來，宜蘭彷彿是大台北的後花園，因此本書特別設計了宜蘭小村×步道提案。雖然有些小村景點路線，並不知名，少有遊客，但卻可以讓您完全放鬆心情，安心的遊蕩閒逛；值此時期，外出旅行，與其有樂於身，孰若無憂於其心。悠遊於小村、小山、小水，享受平安的旅行，才是真確幸。

　　這本書的內容也特別適合關心健康及步道難度的銀髮族。書中超過一半的步道路線，特別是老街、漁港、農村等景點，都屬於步道平緩的散步路線，很適合銀髮族，或是帶著小小孩一起出遊。而書中 100 條散步路線，都附有詳細的交通資訊、路線地圖，以及我實地旅遊拍攝的影音影片（QR Code 掃瞄連結），陪您以自導的方式旅行，或是出門前，先行瀏覽步道的實際狀況，有助行程的安排。每一個提案，都任由您想走多遠、想停留久，完全自主，隨心所欲，沒有跟團壓力，沒有群聚顧慮，自在地悠遊，平安地旅行。

　　本書是獻給您的最新步道提案，願您喜歡，也希望您隨時來趟沒有壓力的輕旅行。祝您健康如意。

Tony 黃育智

目錄
Contents

台北市
Taipei City 小×步道村
24

基隆市
Keelung City 小×步道村
12

新北市
New Taipei City
小村 × 步道
40

宜蘭 Yilan

小村 × 步道 154

主題式小村×步道目錄一覽

7

特殊興趣

如何使用本書

1 **路線編號**：說明此處為100個提案中的第幾個。

2 **路線區域**：路線所在位置，是位於哪個直轄市（或市）／區域。

3 **路線名稱**：路線名稱及遊賞重點。

4 **路線特色**：此路線的特色說明。

5 **影音QR Code**：由作者自行拍攝及剪輯的步道影片。

6 **景點Hightlight**：此路線必賞的景點。

7 **交通資訊**：提供「自行開車」或「大眾運輸」的抵達方式。

8 **附近景點**：除了前述的「景點Hightlight」外，此路線還有哪些可以遊賞的地點。

9 **旅行建議**：跟讀者說明此路線大致的遊程時間，或是與附近景點建議如何連接。

10 **地圖**：透過地圖可以了解路線及當地景點的大致位置。

地圖符號說明

 寺廟

 洗手間

火車站

捷運站

 國道

 定位點

 步道入口

餐飲

 停車場

 公車站

 旅客服務中心

1 **區域目錄**：根據台北、新北、基隆、宜蘭四大區，分別設計該區域的目錄。
2 **主題式目錄**：依據「小村」及「步道」的特色，特別規劃了「銀髮OK！」、「老街懷舊」、「茶鄉風光」、「山村聚落」等主題，讓讀者可以依據自己的需求，選擇出遊的路線。
3 **主題名稱**：清楚的主題名稱，方便找到自己的需求，其中「特殊興趣」下，還區分了：水岸、賞爆、賞櫻、古道等細項。
4 **主題區域**：在每個主題「小村+步道」下，亦區分區域，讀者可以快速找到這個「小村」或「步道」，位於哪個直轄市（或市）。
5 **直轄市（或市）區域**：在對應的直轄市（或市）下，亦區分了行政區域，更容易安排適合的旅程。

望海巷漁港
基隆市最東邊的小漁村 新觀光景點

跨港景觀橋美麗海景
鐵道自行車逍遙踏遊

　　望海巷，舊稱「換番」，是早期八斗仔的漢人與附近蕃仔澳一帶原住民以物易物的地點，因此稱為「換番」。後來本地里長以「換番」地名不雅，而提議改名為「望海巷」。望海巷是基隆市最東邊的漁港。

▲ 望海巷漁港景觀橋

▲ 望海巷漁港

【景點 *Highlight*】

望海巷跨海景觀橋：長約170公尺，跨越望海巷漁港，是自行車道，也是人行步道。遊客可以從橋上眺覽附近潮境公園、海科館、八斗子漁港、深澳岬角。

福安宮對聯：1977年政府擴建北部濱海公路時，福安宮被迫遷移。當時政府只補償1萬8千元遷移費，引起民眾不滿，重建的新廟廟聯寫著「換位築路千歲改，翻修賠償萬捌元。」以嘲諷此事。對聯的首字「換翻」，與望海巷舊地名「換番」同音，保存了舊地名。

望海巷海灘：位於漁港南側的望海巷海灘，是每年基隆中元祭施放水燈的地點。而漁港北側的礁岩海岸，適合觀賞潮間帶生物，假日常吸引遊客駐足。

深澳鐵道自行車：全長1.3公里，原為深澳鐵路的舊路段，轉型為特殊的鐵道自行車，遊客可以沿途欣賞八斗子海岸風光及隧道內的海底景觀燈光秀。

八斗子車站：位於望海巷漁港附近，是深澳平溪線的終站，依山面海，風景美麗，與台東多良車站齊名，因此有「北台灣多良車站」的美譽。

▲ 從景觀橋眺望福安宮

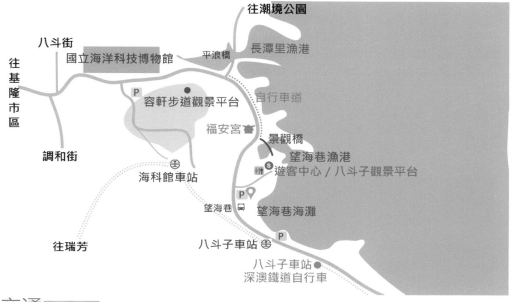

往潮境公園

八斗街

國立海洋科技博物館

往基隆市區

平浪橋

長潭里漁港

P 容軒步道觀景平台

自行車道

福安宮

景觀橋

調和街

望海巷漁港

海科館車站

遊客中心 / 八斗子觀景平台

P

望海巷

望海巷海灘

往瑞芳

P

八斗子車站

八斗子車站
深澳鐵道自行車

交通資訊

【自行開車】地圖衛星導航輸入「望海巷漁港」，即可抵達目的地。漁港旁設有收費停車場；附近深澳鐵道自行車八斗子車站對面設有公共免費停車場。

【大眾運輸】搭乘公車103、791、802、1051、R66至望海巷或八斗子車站，或搭乘台灣平溪深澳支線至八斗子站。

附近景點

國立海洋科技博物館、潮境公園、容軒步道、八斗子深澳鐵道自行車。

旅行建議

順道遊覽附近潮境公園、國立海洋科技博物館，或搭乘八斗子深澳鐵道自行車。亦可搭乘平溪深澳支線前往瑞芳，遊覽瑞芳老街。

▲ 深澳鐵道自行車

▲ 八斗子車站

太白社區
白米甕砲台 山海步道遊基隆燈塔

白米甕尖見碧海藍天
基隆燈塔看大船入港

　　白米甕位於基隆港港口的西側，是宛如九份的山城聚落，屬於太白里，因此稱為「太白社區」，山頂有著名的歷史古蹟白米甕砲台。相傳三百多年前荷蘭人在此設置砲台，故又稱「荷蘭城」。太白社區近年來已發展成為基隆港港西休閒踏青的新景點。

▲ 白米甕砲台　　　　　　　　　　　　　　　　▲ 太白社區

【景點 *Highlight*】

太白社區：屬於山城聚落，腹地受限，巷道狹窄，房屋倚山而建。聚落主要巷道是光華路37巷，沿途有清代聖公祠、清代先人祠、百年福德宮、傳統建築、日治時代的廁圍（廁所）、白米甕砲台。

白米甕砲台：俗稱「荷蘭城」，不過根據學者考證，砲台原為西班牙人建造的「Milaen」圓塔。砲台面向落日方向，自清代以來，有「米甕晚霞」的美譽，為基隆勝景之一。現存砲台格局是日治時代修建，位於狹長的山丘，指揮所、四座砲台及觀測台呈一字橫列排開，面向大海，屬於制海砲台。

山海步道：從白米甕砲台通往基隆燈塔，長約550公尺，從砲台東側的涼亭旁石階爬向觀測台，然後沿著山稜而行，沿途有山海美景，位於步道最高處的白米甕尖展望最佳。步道終點設有觀景台，附近有昔日軍事碉堡及暗砲台遺跡。續行不遠，抵達基隆燈塔。基隆燈塔為基隆市市定古蹟，燈塔旁設有觀景平台，提供遊客眺覽基隆港風光。從基隆燈塔續行，即抵達光華路。

▲ 白米甕尖山海步道

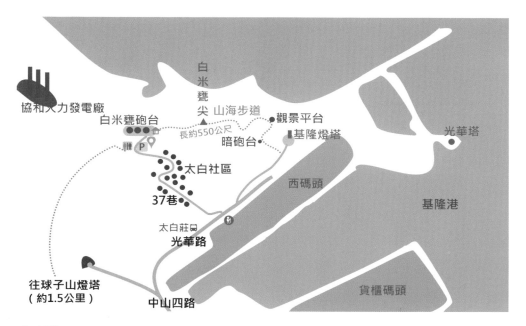

白米甕尖

山海步道

協和火力發電廠

白米甕砲台

長約550公尺

觀景平台

基隆燈塔

光華塔

暗砲台

P

太白社區

西碼頭

37巷

基隆港

太白莊

光華路

往球子山燈塔
（約1.5公里）

中山四路

貨櫃碼頭

交通資訊

【自行開車】地圖衛星導航輸入「白米甕砲台」，即可抵達目的地，砲台旁設有停車場。光華路37巷道路狹窄，假日造訪，建議停車於光華路37巷路口附近馬路邊空地，以步行方式上山。

【大眾運輸】搭乘基隆市公車301、302、304至太白莊站。

附近景點

仙洞巖、球子山燈塔、外木山漁港、外木山情人湖濱海大道。

旅行建議

建議走環狀路線，從光華路37巷巷口出發，路線如下：光華路37巷巷口→20分鐘→白米甕砲台→8分鐘→白米甕尖→8分鐘→觀景平台→5分鐘→基隆燈塔→8分鐘→光華路37巷巷口，環繞一圈約1.5小時（含休息及看風景）。

▲ 山海步道觀景平台

▲ 基隆燈塔

17

罾仔寮社區
虎仔山最美的看海書店 太平青鳥

山城聚落尋幽兼覽勝
基隆地標看山又望海

　　罾仔寮，罾是「魚網」的意思。早期虎仔山山腳下的漁民在海邊搭建屋寮棚舍，以魚網捕魚，因此被稱為「罾仔寮」，後來簡化為「曾子寮」。罾仔寮鄰近基隆火車站，原為老舊社區，近年來基隆市政府積極規劃營造，已成為基隆新興的景點。

▲ 太平青鳥眺望基隆港

▲ 罾仔寮社區導覽解說站

【景點 *Highlight*】

罾仔寮聚落：房屋依山坡地勢興建，形成山城聚落的風貌，巷道曲折錯綜。太平宮福德廟、感應公廟是社區悠久的廟宇。聚落內設有「山海劇院」、「基隆山海工作營」、「苑景天空」等休憩空間。

太平青鳥：原為太平國小，位於罾仔寮聚落的高處，因學童人數減少而廢校。基隆市政府將舊有校舍活化，轉型為文創基地，首先引進「太平青鳥書店」進駐。書店居高臨下，面對基隆港港灣，因此有「最美看海書店」的美譽。

虎仔山基隆地標：7個大型英文字母「KEELUNG」豎立於虎仔山半山腰，有「基隆好萊塢」之稱。「KEELUNG」英文字設有LED燈光，夜晚發出七彩燈光，為基隆的地標。「KEELUNG」地標設有觀景平台，提供遊客眺覽港區風景。

曾子寮山：從虎仔山基隆地標後方的石階步道上行，約3分鐘即抵達佛山太平早起會，這裡設有大型遮雨休憩棚，是一處眺望港灣風景的地點。後方的山丘就是曾子寮山，又稱「飛鳳山」，山頂有日治時代的午砲遺址。

▲ 太平青鳥看海書店

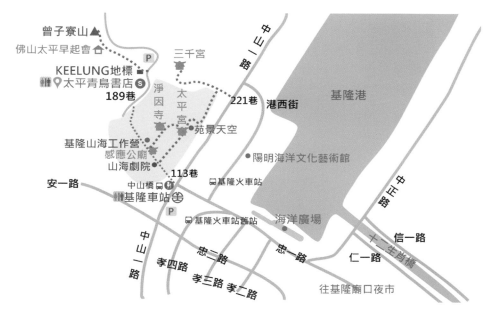

交通資訊

【自行開車】地圖衛星導航輸入「基隆火車站南站停車場」，然後從基隆火車站南口走往中山一路113巷，進入罾仔寮社區。亦可導航輸入「太平青鳥」，直接抵達太平青鳥書店，但附近停車空位有限。假日時，建議勿開車上山。

【大眾運輸】建議搭乘台鐵至基隆車站，從南站出口（中山一路）出站，過馬路，進入中山一路113巷（罾仔寮社區），步行約10～15分鐘，抵達太平青鳥書店。

附近景點

基隆海洋廣場、仙洞巖、白米甕砲台、十二生肖橋、基隆廟口夜市。

旅行建議

順道遊覽附近的基隆海洋廣場、十二生肖橋、基隆廟口夜市。

▲ KEELUNG地標觀景台

▲ 曾子寮山登山步道

19

暖暖親水公園

暖暖溪親水吊橋 河濱步道 水源地

暖暖親水公園河濱步道
暖暖水源地百年幫浦間

　　暖暖原為平埔族「那那社」的居地，後來轉音為「暖暖」，昔日為基隆河航運的終點。噶瑪蘭設治後，暖暖得地利之便，往來淡蘭的商旅投宿於此，商旅雲集，貨物集散，市街因而興盛。

▲ 暖暖親水公園觀景平台

【景點 Highlight 】

暖暖親水公園：位於暖暖親水吊橋旁，設有戲水池及噴水廣場，是夏日兒童消暑戲水的遊憩空間。暖暖溪兩岸設有河濱步道，在親水吊橋與雙龍橋之間，形成一條環狀的散步路線。環狀一圈約1.2公里。

百年幫浦間：位於暖暖溪雙龍橋的下游左岸，典雅的西式建築物，是暖暖著名的歷史古蹟，完工於1902年。幫浦間，就是唧水室，是暖暖淨水場的設施。其旁有攔河堰貯水池，下游溪谷處有壺穴、壺溝、小瀑布等景觀。

▲ 暖暖親水公園親水吊橋

▲ 百年幫浦間

交通資訊

【自行開車】

地圖衛星導航輸入「暖暖親水公園」，即可抵達目的地。暖暖溪左岸的水源路親水吊橋旁設有公共停車空間。

【大眾運輸】

搭乘台鐵至暖暖車站，步行約700公尺，至暖暖親水公園；或搭乘公車1061A、1088、1813F至暖暖區公所站，步行約100公尺至暖暖親水公園。

附近景點

暖暖安德宮（暖暖媽祖廟）、金山寺、暖東峽谷。

旅行建議

從暖暖火車站出發，散步至西勢水庫，路線及路程時間如下：暖暖車站→15分鐘→暖暖親水公園→15分鐘→暖暖淨水場百年幫浦間→3分鐘→雙生土地公→18分鐘→西勢水庫鐵柵門（槌球場）。

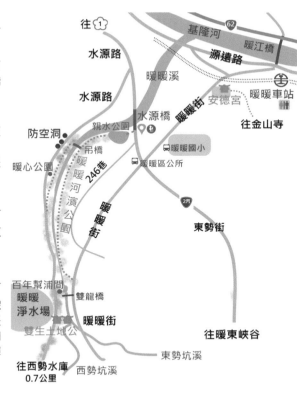

雙生土地公：位於暖暖溪上游，東勢溪與西勢溪合流處。日治時代在西勢溪上游興建西勢水庫，西勢坑遷村至下游地區，在此地形成兩座土地公廟比鄰而居的特殊情況。其中的西勢坑福興宮仍保存舊廟聯古碑，落款寫有「咸豐九年己未葭月立」（1859）、「暖暖西勢庄十四佃置」，見證了西勢坑早期的拓墾歷史。

西勢水庫：位於西勢溪上游，完工於1926年，供應暖暖淨水場水源。目前水庫區未開放參觀，水庫入口管制站鄰旁有槌球場及小公園提供民眾休閒。

▲ 暖暖親水公園河濱步道

▲ 雙生土地公

瑪西社區

瑪陵坑溪 礦業遺跡 賞桐賞櫻步道

瑪陵坑古橋壺穴水岸
瑪西焦炭窯礦業風華

　　瑪陵坑的地名源自於西班牙人對此地原住民凱達格蘭族吉馬利社（Kimari）的稱呼，是歷史悠久的聚落。瑪西社區位於瑪陵坑溪的中上游山區谷地，主要景點分布於大華三路沿途的溪岸。

▲ 瑪陵坑溪 大華三路

▲ 富民親水公園

【景點 *Highlight*】

瑪陵古橋：位於翠谷橋下的瑪陵坑溪溪谷，石砌的舊橋墩，橋下有壺穴地形及開鑿河床岩石的五堵圳遺跡。從橋上可以眺望附近雄偉的石獅山。

瑪陵坑保甲路：瑪陵古橋橋頭附近有一座小土地公廟，廟旁的這條小路，是昔日的保甲路。保甲路沿途經過舊瑪陵派出所，終點接瑪友產業道路，附近就是石獅山的登山口。

瑪西焦炭窯：位於大華三路長潭亭旁， 以石塊砌成的焦炭窯，左右各有一排，每排有12個窯洞。早期當地礦坑挖出來的煤炭，經炭窯高溫燃燒，煉成焦炭，再運送至煉鋼廠。瑪西焦炭窯見證了當地開採煤礦的歷史。

▲ 瑪陵坑百年糯米橋及石獅山

▲ 瑪西焦炭窯

交通資訊

【自行開車】
地圖衛星導航輸入「翠谷橋壺穴」，即可抵達瑪陵聚落，附近大華三路路旁空地停車。

【大眾運輸】
搭乘基隆市公車701至翠谷橋站。

附近景點

石獅山登山步道、瑪西櫻花步道、日德礦坑步道、富民親水公園、瑪西賞桐步道。

旅行建議

從翠谷橋步行至富民親水公園，距離約3.5公里，沿途造訪百年糯米橋、五堵圳遺跡、壺穴、瑪西焦炭窯、瑪西櫻花步道、福海煤礦天車斷橋、日德礦坑步道、富民親水公園、瑪西賞桐步道。

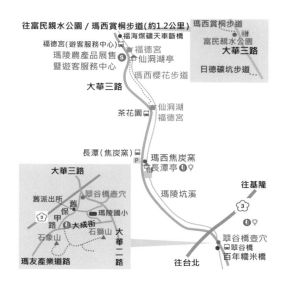

賞花步道： 瑪陵坑溪沿線有多條賞花步道：(1) 櫻花步道：入口位於鯉魚潭亭旁，長約400公尺，步道沿著瑪陵坑溪右岸，沿途種植櫻花樹，步道終點為仙洞湖亭，鄰旁是瑪陵農產品展售暨遊客服務中心。附近福德宮上游的溪谷有一座斷橋，是福海煤礦的天車斷橋，是礦業遺跡。（2）日德礦坑步道：位於日德礦坑口旁，步道不長，約10分鐘即可走至終點的觀景平台，是一條賞桐步道。（3）瑪西賞桐步道：位於富民親水公園旁，環繞一圈，長約850公尺，是瑪陵坑著名的賞桐步道。

▲ 瑪西櫻花步道

▲ 富民親水公園

23

頂山聚落
登峰圳 坪頂新圳 坪頂古圳

三條水圳環狀任悠遊
內雙溪溪谷清涼怡人

　　頂山位於內雙溪的山區，因地勢較高，所以被稱為「頂山」。居民以務農為主，萬山煤礦曾經在這一帶開採。採礦結束後，廢棄礦坑源源不絕的湧泉，也成為本地水圳「登峰圳」的水源之一。水圳、溪流、古道，是本地的景點特色。

▲ 頂山聚落

▲ 登峰圳

【景點 *Highlight*】

登峰圳：是坪頂地區三條古圳之一，開鑿於日治時代明治四十二年（1909），全長約7公里（含400公尺山洞渠道）。從頂山聚落步道入口的階梯下行，即抵達登峰圳，水圳沿著山腰而行，是坪頂地區三條古圳最容易親近的水圳步道，可以沿著水圳路走至山洞隧道口，然後原路折返，或銜接坪頂古圳步道。

內雙溪溪谷：內雙溪是登峰圳的水源之一。登峰圳內雙溪取水口的上游溪谷，環境幽雅，溪谷多石，適合坐憩，聆聽流水，觀賞溪景。溪岸有一條小徑，就是內雙溪古道，沿著內雙溪的溪岸通往擎天崗。內雙溪古道並非正式步道，建議可以沿著溪岸體驗一小段古道，走至上游處的坪頂新圳取水口。該處溪谷是賞楓景點，可以銜接坪頂新圳的水圳步道。

▲ 登峰圳內雙溪取水口

▲ 幽雅怡人的內雙溪溪谷

交通資訊

【自行開車】

地圖衛星導航輸入「頂山庭園咖啡」，即可抵達至善路三段370巷巷底的頂山聚落。

【大眾運輸】

從捷運劍潭站搭乘市民小巴1號至頂山站。

附近景點

天溪園生態教育中心、聖人瀑布、大崎頭步道、內雙溪古道。

旅行建議

以三條平緩的水圳路（登峰圳、坪頂新圳、坪頂古圳）為主要悠遊路線，根據地圖路線，衡量個人時間及體力，選擇適合的環狀散步路線。

坪頂古圳： 開闢於清朝道光十五年（1835），與坪頂新圳、登峰圳平行，位置最高，歷史最悠久。坪頂古圳步道入口在外雙溪至善路三段370巷29號民宅旁，由此上行，沿途陸續與登峰圳、坪頂新圳、坪頂古圳交會，通往平菁街95巷。從頂山聚落進入登峰圳，可以藉由坪頂古圳步道的串連，輕鬆悠遊三條水圳，而避開坪頂古圳步道從山腳下起登的登爬之苦。

▲ 坪頂古圳步道

▲ 坪頂古圳步道桃仔腳橋

27

溪山百年古圳

半嶺聚落 百年水圳 平溪步道

漫步溪山尋訪古水圳
悠遊水徑聆聽鳥蟲鳴

　　半嶺聚落屬於士林溪山里，因位於外雙溪通往坪頂的半山腰而得名。早期先民入墾此地，修築水圳，在山坡地闢出層層梯田，種植水稻為生，形成半嶺聚落。聚落內有百年古圳，是悠閒散步路線。

▲ 半嶺聚落洗衣池

▲ 步道旁的台灣朴樹

【景點 *Highlight*】

半嶺聚落： 有紅磚古厝、洗衣池、洗腳平台、雀榕老樹、朴樹老樹、蜂生態小旅館等景點，穿過聚落，沿著石階步道上行，約10分鐘，即可抵達溪山百年古圳。

溪山百年古圳： 步道沿著古水圳，途中設有觀景平台，也有一座古樸的紅磚土地公廟。水圳步道長約200公尺，終點設有一座水力綠能發電站。鄰旁的陡峭山壁有小溪澗形成瀑布，潺潺之聲與鳥蟲之鳴交響，悅耳怡人。

巡水步徑： 從古圳步道終點的綠能發電站出發，續接巡水步徑，這條巡水小路通往菁礐溪上游的水圳取水口。步道長約400公尺，路況亦佳，景致愈幽麗，不過途中經過陡峭岩壁旁，易有落石，建議勿於雨後造訪。

平溪步道： 又稱「平菁步道」，為昔日坪頂地區運送農產品下山的古道，經過半嶺聚落。市政府大地工程處已於2022年新建一條山腰步道銜接平溪步道與溪山百年古圳步道，使半嶺聚落的步道系統更為多元豐富。

▲ 溪山百年古圳步道

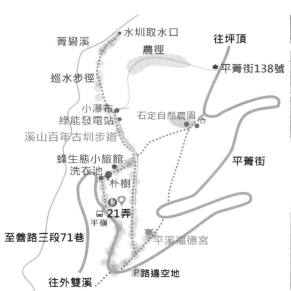

▲ 蜂生態小旅館

▲ 溪山百年古圳觀景平台

交通資訊

【自行開車】地圖衛星導航輸入「溪山百年古圳」或「至善路三段71巷21弄」，即可抵達步道入口。路邊缺乏停車空間，建議續往上行約300公尺，路旁有較大停車空地。

【大眾運輸】從捷運劍潭站搭乘市民小巴19號至半嶺站。

附近景點

平菁步道、外雙溪、聖人瀑布、坪頂古圳。

旅行建議

建議可以連走溪山百年古圳步道及巡水步徑至水圳取水口，然後原路折返，再沿著水圳走往平溪福德宮方向，續行平溪步道（平菁步道），銜接至善路三段71巷，走回半嶺聚落。

▲ 巡水步徑

▲ 古圳步道往平溪福德宮

新北投溫泉
歷史悠久的溫泉鄉 處處有古蹟

新北投溫泉歷史懷舊
溫泉博物館百年風華

　　北投，地名源自昔日凱達格蘭平埔族北投社，意指「女巫」的意思。1894年，德國硫礦商人奧里發現北投有溫泉。1896年，日本大阪商人平田源吾在北投溪溪畔開設北投第一家溫泉旅館「天狗庵」。從此溫泉區蓬勃發展成新聚落，被稱為「新北投」，成為台灣知名溫泉鄉。

▲ 新北投車站

▲ 北投公園石拱橋

【 景點 *Highlight* 】

新北投車站：1916年完工的木造車站，因興建捷運淡水線而遭拆除，遷往台灣民俗村；後來遷回新北投，重組完成，座落於捷運新北投站旁的七星公園內。

北投公園：1913年落成，公園內有百年老樹、石拱橋、歐式噴水池，是民國五〇年代台語片經常取景之處，北投因此有「台灣好萊塢」的美譽。

北投溫泉博物館：建於1913年，混合和式與歐式建築風格的二層樓建築，原為北投溫泉公共浴場。館內展示的「北投石」，是1095年日本學者岡本要八郎在北投溪發現的新礦石，是迄今唯一以台灣地名所命名的礦石。

前日軍衛戍醫院北投分院：位於三軍總醫院北投分院內，建於日治初期，做為官兵的溫泉療養所。原有舊建築已登錄為市定古蹟，建築旁設有免費溫泉泡腳池。

北投中心新村：前身是前日軍台北衛戍病院北投療養所，後來成為國軍宿舍，是全台唯一的溫泉軍醫眷村，2011年登錄為聚落建築群。

▲ 北投溫泉博物館

往陽明山國家公園

泉源路

泉源路

新民路

北投法藏寺

楓香老樹

中心新村

三軍總醫院北投分院

前日軍衛戍醫院北投分院少帥禪園

中心新村將軍府

北投文物館

春天酒店

不動明王石窟

泉源路

逸仙國小

凱達格蘭

文化館

新民國中

中心街

北投公民會館 地熱谷

杏林巷

親水公園

北投溫泉

露天溫泉

博物館

北投梅園

吟松閣

大業路

新北投車站

中山路

北投公園

北投溪

熱海飯店

台灣銀行舊宿舍

銀光巷

舊新北投車站

P 七星公園

光明路

歐式噴水池

瀧乃湯

天主堂

北投普濟寺

熱海岩場

光明路

北投公園

天狗庵史蹟公園

溫泉路

往北投

北投弘法大師岩

往丹鳳山

交通資訊

【自行開車】地圖衛星導航輸入「台北市北投區七星公園地下停車場」，即可抵達捷運北投站旁的七星公園地下停車場。

【大眾運輸】建議搭乘捷運信義淡水線至新北投車站。

附近景點

新北投其他歷史古蹟包括：不動明王石窟、台灣銀行舊宿舍、普濟寺、吟松閣、北投文物館、北投弘法大師岩（北投真言宗石窟建築群）等歷史古蹟，還有天狗庵史蹟公園、「皇太子殿下御渡涉記念」石碑（放置於瀧乃湯溫泉浴室庭院內）。

旅行建議

建議參考地圖所標示的景點，依個人時間及體力，規劃您個人的新北投散步路線。

▲ 新北投中心新村

▲ 前日軍衛戍醫院北投分院

貴子坑
貴子坑水土保持教學園區 三層崎花海

貴子坑園區地質古老
三層崎公園花海嬌美

　　貴子坑舊稱「鬼子坑」，屬於台北盆地最古老「五指山層」，厚層白色粗粒砂岩富含有質佳的高嶺土及石英砂，俗稱「北投土」，是製造陶瓷及玻璃的原料。由於長期大量開採礦石，水土遭到嚴重破壞，而被當地居民稱為「鬼子坑」，後來改名為「貴子坑」。

▲ 貴子坑五指山層白色砂岩

▲ 貴子坑地質步道

【景點 *Highlight*】

貴子坑水土保持教學園區：貴子坑因開採礦土，破壞生態，颱風豪雨時常造成土石流的災情。後來政府下令禁採礦土，在礦山原址設置「貴子坑水土保持教學園區」，園內有生態池、地質步道、涼亭、觀景平台，提供民眾休閒及環保教育之用，成為一處老少咸宜的休閒郊遊景點。

貴子坑親山步道：步道入口位於貴子坑水土保持教學園區大門前，石階步道沿著水磨坑溪爬往上游方向，這段上坡路較為陡峭；轉入山腰的水圳步道之後，變為平緩好走。然後再從貴子坑水土保持教學園區西側「貴子坑露營場」附近的貴子坑親山步道下山。

▲ 貴子坑水土保持教學園區

▲ 貴子坑親山步道

交通資訊

【自行開車】

地圖衛星導航輸入「貴子坑水土保持教學園區」，園區入口旁設有免費停車場。

【大眾運輸】

搭乘公車承德幹線、216、218、223、602至貴子坑水土保持園區站，即抵達北投社三層崎公園，續行約1公里（約25分鐘）至貴子坑水土保持教學園區。

附近景點

下青礐步道、貴子坑親水步道、北投公園、北投溫泉博物館。

旅行建議

遊覽貴子坑水土保持教學園區，可以順便造訪下青礐步道及貴子坑步道，環狀步道一圈約2.5公里，步行時間約1.5至2小時，有較長的石階爬坡路，屬於登山健行路線。

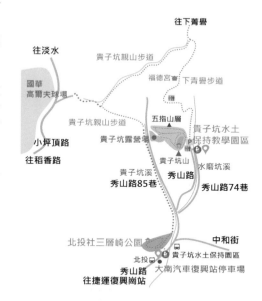

北投社三層崎公園：就座落於貴子坑附近的秀山路山坡，近年來市政府公園內的山坡種植一片多層次的花海景觀，而有「台版北海道富良野花海」的美譽。北投社三層崎公園的花期約在每年11月起至次年3月之間，詳細花期時間，請留意政府發布的新聞，以免錯過。

▲ 北投社三層崎公園

33

湖山半嶺聚落
上半嶺新步道串連下半嶺舊步道

半嶺聚落水圳風光
半嶺吊橋環狀悠遊

北投湖山里半嶺聚落位於紗帽山的西南側，聚落依地勢高地，又分為「上半嶺」及「下半嶺」聚落。先民入墾時，為解決灌溉用水問題，從磺溪上游的松溪引水，開闢半嶺水圳以灌溉農圃。水圳風光是半嶺聚落的主要特色。

▲ 半嶺水圳

▲ 半嶺步道

【景點 *Highlight*】

半嶺步道：從上半嶺的紗帽路，通往下半嶺的「欄杆橋頭福德宮」，沿途有小土地公廟、農家古厝、梯田風光及半嶺水圳風光，又稱「半嶺水圳步道」。

上半嶺步道：2021年台北市政府大地工程處完工的新步道，從上半嶺明玄宮通往半嶺產業道路的慈母橋，途中有市景平台、半嶺吊橋等景點。這條新步道結合原有的半嶺步道，形成一條半嶺聚落環狀健行路線。

▲ 上半嶺步道

上半嶺瀑布：從上半嶺的明玄宮沿著半嶺水圳走往上游方向，步行約15分鐘，即可看見圳水從山壁奔流而下，形成一座小瀑布，稱為「上半嶺瀑布」。途中有一塊巨石座落於水圳之上，蹲俯即可發現巨石下方的水圳旁隱藏著一尊「上半嶺水源頭土地公」，默默守護著這條百年水圳。

欄杆橋頭福德宮：位於半嶺步道的山腳下入口處，福德宮旁的磺溪溪岸設有木棧道及觀景平台，遊客可以觀賞磺溪溪石被富含硫磺及鐵礦的溪水浸染成金黃褐色的特殊景色。

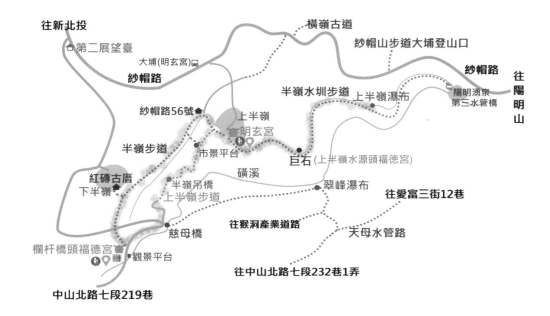

往新北投
第二展望臺
大埔(明玄宮)
紗帽路
横嶺古道
紗帽山步道大埔登山口
紗帽路
往陽明山
陽明湧泉
第三水管橋
半嶺水圳步道
上半嶺瀑布
紗帽路56號
上半嶺
明玄宮
半嶺步道
市景平台
巨石 (上半嶺水源頭福德宮)
磺溪
紅磚古厝
下半嶺
半嶺吊橋
上半嶺步道
翠峰瀑布
往愛富三街12巷
往猴洞產業道路
天母水管路
慈母橋
欄杆橋頭福德宮
觀景平台
往中山北路七段232巷1弄
中山北路七段219巷

交通資訊

【自行開車】地圖衛星導航輸入「陽明山明玄宮」，明玄宮附近巷道僅有少數停車位；或導航「半嶺桶仔雞」（位於欄杆橋頭福德宮旁），即可抵達欄杆橋頭福德宮，路旁空地停車。

【大眾運輸】搭乘230公車至大埔（明玄宮）站。步行往明玄宮約6～8分鐘。

附近景點

横嶺古道、紗帽山、翠峰瀑布、天母古道。

旅行建議

搭乘大眾運輸工具，建議從明玄宮出發，經由市景平台、半嶺吊橋，走至慈母橋，步行時間約20～25分鐘，然後再從慈母橋附近的欄杆橋頭福德宮步行半嶺步道走往上半嶺聚落，大約上行40～50分鐘，即可返回明玄宮。

▲ 市景平台

▲ 半嶺吊橋

35

內溝溪

內溝溪生態步道　五分埔生態濕地

樂活公園櫻花超燦爛
內溝步道水岸真美麗

　　內溝位於台北市內湖區東緣的山谷，與汐止接壤，有溪流通往五分埔，因此被稱「內溝」，溪流名為「內溝溪」。內溝溪上游生態良好，沿岸設有步道，適合踏青休閒，下游的樂活公園則以賞櫻聞名。

▲ 內溝溪生態展示館

▲ 內溝步道

【景點 Highlight】

內溝溪生態展示館：位於明山橋旁，館內展示內溝地區的產業及生態資料。附近的觀海亭有風化岩景觀。展示館旁為明舉山步道入口，可以越嶺明舉山至安泰街的水源頭福德宮，步道長約1.4公里。抵達安泰街後，可以銜接安泰溪步道，回到內溝溪生態步道。

▲ 五分埔生態濕地

內溝溪生態步道：從下游到上游分別有康樂步道、五分埔步道、內溝步道，步道終點在內溝溪生態展示館附近。

五分埔生態濕地：位於白馬山莊南邊，是內溝溪生態步道途中主要的遊憩景點。五分埔為昔日農業灌溉陂塘，面積逐漸縮小，現在成為濕地公園。陂塘橫跨內湖區與汐止區，有五分埔橋相連，湖岸設有觀景涼亭，步道旁遍植櫻花，也是一處賞櫻景點。

內湖樂活公園：位於內溝溪下游，以「內湖樂活夜櫻季」聞名。每年1至3月為櫻花季，寒櫻、八重櫻、昭和櫻接續開花，夜間設有燈光，提供民眾欣賞夜櫻。樂活公園連結內溝溪生態步道，長達3公里，成為台北市區最長的賞櫻路線。

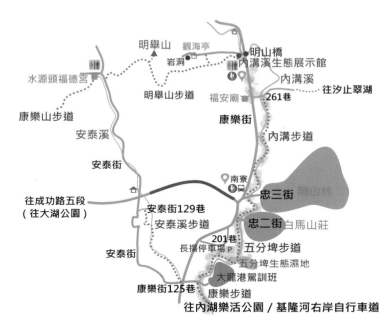

明舉山　觀海亭
岩洞
明山橋
內溝溪生態展示館
水源頭福德宮
內溝溪
往汐止翠湖
明舉山步道
福安廟
261巷
康樂山步道
康樂街
安泰溪
內溝步道
安泰街
隙山林
往成功路五段
（往大湖公園）
南寮
忠三街
安泰街129巷
安泰溪步道
忠二街　白馬山莊
201巷
長揚停車場 P
五分埤步道
安泰街
五分埤生態濕地
大龍港駕訓班
康樂街125巷
康樂步道
往內湖樂活公園 / 基隆河右岸自行車道

交通資訊

【自行開車】地圖衛星導航輸入「內溝溪生態展示館」，附近路旁空地停車；或輸入「台北市內湖區康樂街201巷長揚停車場」。停車場旁即為五分埤生態濕地觀景涼亭。

【大眾運輸】建議搭乘捷運文湖線至東湖站，步行12～15分鐘至樂活公園，續步行康樂步道走往五分埤生態濕地、內溝溪生態展示館。

附近景點

汐止翠湖、大湖公園、大溝溪生態治水園區、基隆河右岸自行車道。

旅行建議

建議從內湖樂活公園出發，沿著內溝溪河岸而行，步行至內溝溪生態展示館，距離約3公里，步行時間約1.5小時（含休息）。

▲ 五分埤步道觀景涼亭

▲ 內湖樂活公園

37

大坑茶山
著名南港包種茶的故鄉 舊莊步道群

大坑余氏古厝老樟樹
六條步道環狀任悠遊

　　南港舊莊路二段的聚落，位於狹長廣闊的山區谷地，因此被稱為「大坑」。清光緒十一年（1885），福建安溪人魏靜時、王水錦成功引進家鄉的包種茶，在大坑山區種植，打響「南港包種茶」的知名度，大坑於是被稱為「大坑茶山」或「南港茶山」。

▲ 桂花吊橋親水道——桂花吊橋

▲ 茶葉示範場環山步道涼亭

【景點 *Highlight*】

舊莊步道群：大坑地區有多條步道，串連各個景點，包括：桂花吊橋親水步道、桂花吊橋步道、桂花林步道、茶葉示範場環山步道、桂花亭步道、余氏古厝步道，環繞一圈大約2小時。

大坑余氏古厝：位於舊庄街二段316巷，為台北山區少見的古村落，有多間古埆厝，也有一棵樹齡超過200年的老樟樹，位於余氏古厝步道的入口旁。

▲ 南港茶葉製造示範場

桂花吊橋：位於桂花吊橋親水步道的途中，跨越大坑溪。桂花吊橋串連桂花林步道，通往南港茶葉製造示範場。4月桂花季節，步道沿途桂花飄香怡人。

南港茶葉製造示範場：二層樓紅瓦白牆建築，設有製茶設備展示區、展覽推廣活動，也提供品茗空間以及製茶體驗等服務。茶葉示範場環山步道就位於茶葉製造示範場的後山，建有森林棧道，沿途有觀景平台及涼亭，可以環繞一圈，返回茶葉製造示範場，或繼續銜接桂花亭步道、余氏古厝步道。

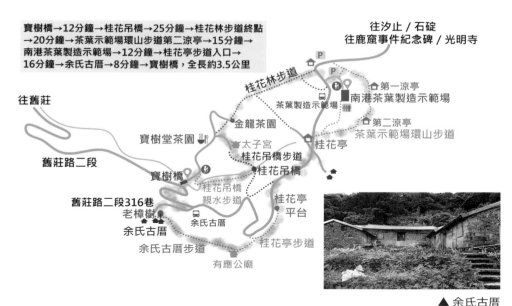

寶樹橋→12分鐘→桂花吊橋→25分鐘→桂花林步道終點
→20分鐘→茶葉示範場環山步道第二涼亭→15分鐘→
南港茶葉製造示範場→12分鐘→桂花亭步道入口→
16分鐘→余氏古厝→8分鐘→寶樹橋，全長約3.5公里

往汐止／石碇
往鹿窟事件紀念碑／光明寺

桂花林步道

往舊莊

第一涼亭

茶葉製造示範場

南港茶葉製造示範場

金龍茶園

第二涼亭
茶葉示範場環山步道

舊莊路二段

寶樹堂茶園

太子宮

桂花亭

桂花吊橋步道

桂花吊橋

寶樹橋

桂花吊橋
親水步道

舊莊路二段316巷

桂花亭
平台

老樟樹

余氏古厝

余氏古厝

桂花亭步道

余氏古厝步道

有應公廟

▲ 余氏古厝

交通資訊

【自行開車】地圖衛星導航輸入「寶樹堂茶園」（寶樹橋路旁空地停車），或「南港茶葉製
造示範場」（設有公共停車場），視您規劃的健行路線起點而定。

【大眾運輸】從捷運昆陽站搭乘市民小巴5號至余氏古厝站或茶葉製造示範場站。

附近景點

鹿窟事件紀念碑、光明寺、更寮古道、土庫岳。

旅行建議

漫遊南港茶山，建議從舊莊街二段的寶樹橋為起點，進入桂花吊橋親水步道，然後循序遊覽
桂花吊橋步道、桂花林步道、茶葉示範場環山步道、桂花亭步道、余氏古厝步道，然後返回
寶樹橋。

▲ 余氏古厝老樟樹

▲ 茶葉示範場環山步道

新北市
New Taipei City

小村×步道

炮子崙茶山
炮子崙步道 茶山古道 炮子崙瀑布

茶山古道訪林家草厝
炮子崙瀑布戲水清涼

　　炮子崙位於深坑近郊，早期有人在山上種植白柚，福建安溪人習慣稱白柚為「炮仔」，因此就將這個地方取名為「炮子崙」。茶業興盛後，農民改種茶樹，當地已無白柚，而以茶山風光著稱。區域內有多條古道山徑，成為深坑近郊熱門的健行踏青路線。

▲ 炮子崙高家古厝

▲ 炮子崙步道涼亭

【景點 *Highlight*】

炮子崙步道：步道入口在萬家香土雞城旁，長約1.3公里，是昔日炮子崙通往猴山坑的古道，步道終點在新光路二段74巷16號附近的涼亭旁。步道途中及終點都有山徑通往茶山古道。

茶山古道：昔日炮子崙通往木柵草湳的越嶺古道，沿途有茶園、稻田、菜園，洋溢著農村風情，沿途農家有高宅、蔡宅、吳宅、林宅等，都是傳統的土埆厝或石頭厝。古道沿途路況良好。

▲ 炮子崙茶山古道

林家草厝：位於茶山古道途中，是傳統的土埆厝，屋頂覆以茅草，簡約古樸。林家草厝附近有層層水稻梯田及茶園風光。從茶山古道入口步行約半小時即可抵達林家草厝。一般遊客悠遊茶山古道，建議以林家草厝為折返點。

炮子崙瀑布：又稱「四龍瀑布」，步道入口位於炮子崙公車站牌不遠的馬路旁，入口有炮子崙瀑布的指標，步行約10～15分鐘，即可抵達瀑布。瀑布下的溪岸有搭建休憩亭及更衣室，提供民眾來此戲水使用。

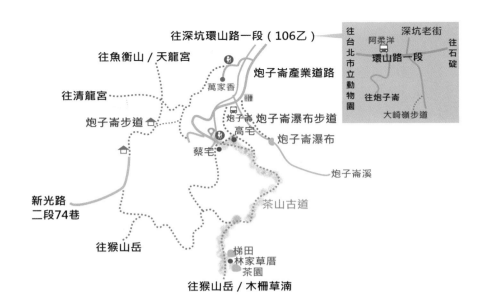

往深坑環山路一段（106乙）

往魚衡山／天龍宮

炮子崙產業道路

往清龍宮

萬家香

炮子崙步道

炮子崙瀑布步道

炮子崙

高宅

炮子崙瀑布

蔡宅

炮子崙溪

茶山古道

新光路
二段74巷

往猴山岳

梯田
林家草厝
茶園

往猴山岳／木柵草湳

往台北市立動物園

深坑老街

往石碇

阿柔洋

環山路一段

往炮子崙

大崎嶺步道

交通資訊

【自行開車】地圖衛星導航輸入「新北市深坑區炮子崙假日農夫市集」（茶山古道入口），
　　　　　　附近路旁空地停車。

【大眾運輸】從深坑國小或中正橋站搭乘F712至炮子崙站（一天僅有兩班），或搭乘公車至
　　　　　　深坑老街，從老街中正橋出發，走至茶山古道登山口約2.2公里（約60分鐘）。

附近景點

猴山岳、深坑老街、大崎嶺步道、台北市立動物園。

旅行建議

悠遊茶山古道，建議以林家草厝為折返點，然後順遊炮子崙瀑布。環狀健行可安排連走炮子
崙步道與茶山古道。

▲ 茶山古道林家草厝

▲ 炮子崙瀑布

深坑老街
淡蘭古道深坑街 老街改造新風貌

老街舊建築濃濃古味
舊深坑廳舍再現風華

　　深坑古稱「簪纓」，或說深坑地處狹長河谷，地形宛如古代官宦的冠飾或婦女髮飾，因此稱為「簪纓」；或認為「簪纓」與深坑最早開拓者許宗琴的名字閩南語發音相似。由於周遭山嶺圍繞，彷彿處於深谷，因此又稱「深仔坑」，而逐漸成為正式地名。

▲ 深坑老街清代街屋

▲ 深坑老街茄苳老樹、大樟樹

【景點 *Highlight*】

深坑老街：清代噶瑪蘭設治之後，深坑位於淡蘭南路往來必經之地，加上茶業欣榮，深坑成農產品集散地，市街繁榮，而形成今日深坑老街的風貌。老街的清代傳統街屋及日治時代的西式洋樓，值得慢遊細賞建築之美。

舊深坑廳舍：位於老街街頭的清代街屋區，曾是日治初期深坑廳廳舍，戰後移作深坑分駐所使用，原廳舍僅存部分建築。深坑分駐所遷至新址後，原址已經過整治，重現舊深坑廳舍遺跡，並活化為休憩廣場及表演場地，以打造老街新風貌。廳舍前有一棵從深坑廳時代留存至今的老樟樹。

▲ 舊深坑廳舍

▲ 德興居

交通資訊

【自行開車】

地圖衛星導航輸入「深坑兒童遊戲公園」（平埔街），即可抵達深坑兒童遊戲公園地下停車場。平日收費1小時20元，假日1小時40元。（收費可能會有調整變動）

【大眾運輸】

搭乘公車660、666、679、795、819、912、949至深坑站。

附近景點

茶山古道、炮子崙瀑布、大崎嶺步道、鎮南宮石媽祖古道。

旅行建議

慢遊深坑老街，欣賞街屋建築之美，品嚐老街美食，然後漫步景美溪河岸步道，環繞一圈約1小時（含休息）。

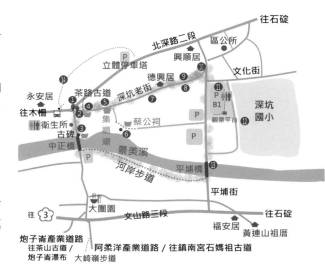

❶ 大茄苳、老樟樹　　❻ 舊渡船頭　　❶❶ 兒童遊戲場
❷ 老街尾　　　　　　❼ 日治時期街屋　❶❷ 深坑國小禮堂
❸ 深坑橋碑　　　　　❽ 舊深坑廳舍　　❶❸ 平埔橋
❹ 街尾土地公廟　　　❾ 清代傳統街屋　❶❹ 忠魂碑
❺ 集順廟　　　　　　❿ 老街頭

德興居： 興建於1926年，是深坑老街最具代表性的日治時期洋樓建築。立面泥塑仿巴洛克雕飾，柱頭為簡化的希臘式柱形，花草與吉祥物裝飾則兼採中西元素，牆面瓷磚色彩豐富，門面氣派，是當時深坑街著名建築，至今仍是老街重要的地標建築。

大茄苳樹、老樟樹： 座落於深坑街的街尾，樹下設有座椅，成為遊客逛老街時坐憩乘涼的最佳地點。從台北市區前來深坑的遊客大多從老街街尾進入老街。大茄苳樹及老樟樹這裡就成為深坑老街人潮最聚集、最熱鬧的地點。

景美溪河岸步道： 位於中正橋與平埔橋之間的景美溪左岸。逛完老街，享受美食之後，漫步於河岸步道，舒展筋骨，欣賞河景，逍遙又自在。

▲ 深坑的地方信仰中心──集順廟

▲ 景美溪河岸步道

45

瑞芳老街
瑞芳旅遊客廳 瓶燈巷 輕便車

瓶燈巷藝術燈火添麗
輕便車鐵道礦業風華

　　瑞芳老街是日治時代鐵路開通設站之後，才發展起來的新市街，位於今日瑞芳火車站後站的瑞芳街、逢甲路一帶，曾是昔日瑞芳最繁華的地區，後來市街發展漸漸不如前站地區。近年來在「瑞芳老街文化觀光推展協會」努力下，老街增添新風貌，也成功吸引遊客的造訪。

▲ 瑞芳老街

▲ 瑞芳旅遊客廳（老街創生基地）

【景點 *Highlight*】

瑞芳旅遊客廳：位於瑞芳後站出口旁，原為民眾服務社舊建築，在瑞芳老街文化觀光推展協會規劃下，成立「瑞芳旅遊客廳」，做為老街創生基地。頂樓「瑞芳鐵道露台」，更可欣賞老街街景及傍晚鐵道夕陽美景。假日經常舉辦市集或表演活動。

瓶燈巷：瑞芳街與逢甲路之間的老街聚落，巷弄鋪設洗石子及紅磚步道，以廢棄空瓶製作藝術瓶燈，遊客悠遊其間，

▲ 瓶燈巷

懷想老街早期歲月。夜晚瓶燈點亮，更將老街點綴出濃郁的懷舊氛圍。

輕便台車道遺址：瑞芳老街早期鋪設輕便鐵道，做為台車運煤之用，原本已經拆除。後來重鋪一段輕便鐵道，保存地方歷史記憶，並提供遊客散步休閒。

瑞芳舊火車隧道：日治時代興建的宜蘭線鐵路，從瑞芳至雙溪，穿過崇山峻嶺，共有9座隧道，其中的一號隧道距離老街最近，遊客沿著逢甲路步行，即可抵達一號隧道。舊隧道內，在黃色燈光照映下，磚石砌造的舊隧道更為典雅美麗。

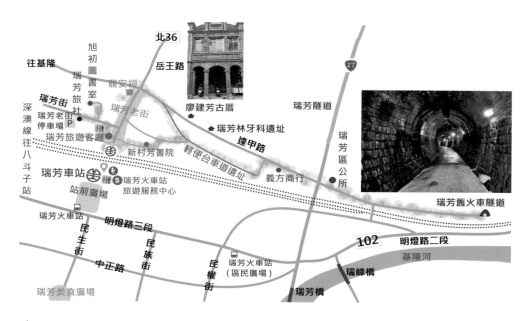

往基隆
旭初圖書室
瑞芳旅社
北36
岳王路
龍安祠
瑞芳街
瑞芳老街
瑞芳老街停車場
瑞芳旅遊客廳
廖建芳古厝
瑞芳林牙科遺址
瑞芳隧道
達甲路
2丁
瑞芳區公所
深澳線往八斗子站
新村芳書院
輕便台車道遺址
義方商行
瑞芳車站
瑞芳火車站旅遊服務中心
站前廣場
瑞芳舊火車隧道
瑞芳火車站
民生街
明燈路二段
民族街
瑞芳火車站
（區民廣場）
民權街
102
明燈路二段
基隆河
瑞峰橋
中正路
瑞芳橋
瑞芳美食廣場

交通資訊

【自行開車】地圖衛星導航輸入「金喜房瑞芳老街平面停車場」，即可抵達瑞芳老街收費停車場（瑞芳旅社鄰旁）。

【大眾運輸】搭乘台鐵至瑞芳站，從後站出口走出來，即抵達瑞芳老街。或從捷運西門或北門站搭乘965快速公車至瑞芳站，步行車站地下道至瑞芳老街。

附近景點

龍川步道、望海巷漁港、八斗子深澳鐵道自行車、九份老街。

旅行建議

建議從瑞芳車站（後站）搭乘平溪深澳線前往八斗子車站，眺覽附近海景、造訪望海巷漁港，然後再搭火車返回瑞芳老街。

▲ 輕便台車道遺址

▲ 瑞芳老街巷弄裡的彩繪屋牆

47

一坑龍川步道
龍川步道 龍巖宮 安德宮 豎石遺跡

瑞芳一坑龍川新步道
基隆河左岸河堤風光

　　一坑，位於瑞芳的龍川里，日治時代基隆炭礦株式會社在此地開闢「瑞芳一坑」，因而得名。瑞芳一坑遺址設有坑口意象造景。鄰旁的載福宮祀奉福德正神，聚落早期有許多礦工居住。

▲ 瑞芳一坑

▲ 龍川步道

【景點 Highlight】

龍川步道： 新完工的基隆河岸步道，位於瑞芳一坑與介壽橋之間的基隆河右岸，步道長400公尺，沿途設有座椅及涼亭，提供遊客休憩。

龍巖宮： 位於一坑路與明燈路交會口，又稱「瑞芳祖師廟」，祀奉清水祖師。廟門口兩邊外側的一對石獅子，原為日治時代瑞芳神社狛犬，戰後神社拆除，狛犬移至龍巖宮安置。

安德宮、豎石遺跡： 從介壽橋過橋後，即銜接瑞芳左岸河堤步道，沿著河堤步道步行約10分鐘，抵達安德宮。安德宮的側殿立有「白蘭氏紀念碑」，祭祀著開闢淡蘭古道有功的傳奇人物——白蘭氏。安德宮附近的基隆河河岸的一塊巨石，是當地地名「豎石」的由來。

瑞芳左岸河堤步道： 從介壽橋至國芳橋，沿著基隆河左岸，長約3公里，又分為「東和步道」及「瑞芳左岸櫻花步道」。步道沿途經過安德宮及豎石遺跡，可以欣賞沿途基隆河河岸風光，然後盡興而返。

▲ 龍巖宮

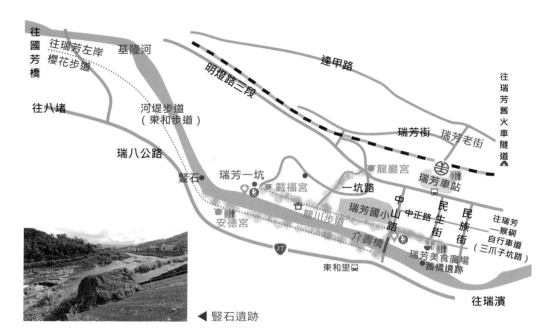

◀ 豎石遺跡

交通資訊

【自行開車】地圖衛星導航輸入「瑞芳載福宮」，廟旁附近河堤巷道路旁可停車（停車空間有限）。

【大眾運輸】建議搭乘台鐵至瑞芳站，步行民生街至瑞芳美食廣場，再步行民生街35巷至介壽橋，即抵達龍川步道入口。

附近景點

瑞芳老街、瑞芳舊火車隧道、瑞芳—猴硐自行車道。

旅行建議

造訪瑞芳美食廣場，享用地方美食；順遊瑞芳老街。

▲ 龍川步道及介壽橋

▲ 瑞芳左岸河堤步道

蕃仔澳漁港
深澳漁港酋長岩公園 海天步道

海天步道眺覽蕃仔澳
深澳岬角欣賞象鼻岩

　　深澳，舊稱「蕃仔澳」，早期為平埔族凱達格蘭人居住的聚落，因而得名。因港灣水深，因此漢人稱為「深澳」。深澳岬角海蝕地形發達，遍布礁岩奇石，曾獲網路票選為「十大經典魅力漁港」第一名。

▲ 蕃仔澳漁港（深澳漁港）

▲ 酋長岩

【景點 *Highlight*】

印第安人酋長岩：深澳岬角的單面山，因峭壁面的外觀像印第安人酋長而得名，成為蕃仔澳的地標。峭壁下方的海岸設有「酋長岩公園」。公園入口就在海巡署深澳安檢所旁，公園內可以近距離眺覽酋長岩峭壁及海岸的礁岩奇石。

海天步道：位於深澳漁港旁，長條狀的海天步道，設有觀景平台、涼亭，提供遊客眺覽漁港風光。每到夜晚，燈光亮起，漁港夜色更加璀璨。海天步道隔著海灣與基隆山、九份遙遙相對，是欣賞九份如黃金般輝煌燈火的最佳地點。

▲ 海天步道觀景平台

象鼻岩：位於深澳漁港的北側，海岸有小徑通往深澳岬角高處的象鼻岩景觀區。此地海岸遍布蕈狀岩，岬角邊緣的懸崖有一拱門狀的海蝕洞，細長彎曲的石拱岩塊宛如象鼻伸向大海汲水，因而得名。

蕃仔澳聚落：漁村的巷道曲折，是為了阻避冬日凜凜的寒風。位於聚落內的天福宮是蕃仔澳的地方信仰中心。臨街的馬路上幾家海產餐廳，提供漁港海產美味料理，以滿足饕客的需求。

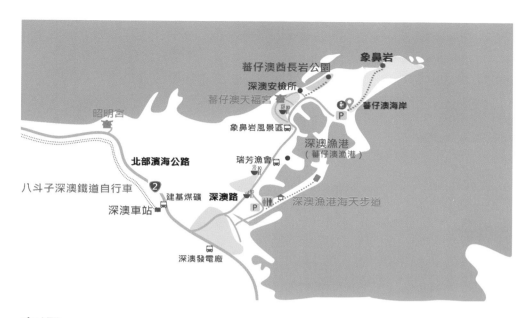

交通資訊

【自行開車】地圖衛星導航輸入「深澳漁港海天步道」，即可抵達目的地，漁港設有收費停車場。

【大眾運輸】搭乘公車T99台灣好行濱海奇基線至深澳漁港站、或搭乘公車791、1051至深澳發電廠站，步行深澳路至蕃仔澳漁港（深澳漁港）。

附近景點

潮境公園、望海巷漁港、八斗子深澳鐵道自行車、海濱社區、蝙蝠洞公園。

旅行建議

順道遊覽附近潮境公園、望海巷漁港、八斗子深澳鐵道自行車。

▲ 深澳岬象鼻岩海岸

▲ 象鼻岩

海濱社區
焿子寮海濱車站 蝙蝠洞公園

舊海濱車站鐵道懷古
蝙蝠洞海濱步道看海

　　焿子寮，位於瑞芳海濱里，又稱「海濱社區」，清代道光年間，先民入墾此地，以熬鹼為生。「焿」就是「鹼」的意思。焿子寮是指熬鹼的地方。日治時期金瓜石九份生產的金砂，經由流籠及人力轉運至焿子寮海岸，再由船隻接駁至基隆八尺門港。

▲ 海濱車站

▲ 蝙蝠洞公園

【景點 Highlight】

海濱車站：日治時代興建基隆八尺門至水湳洞的金瓜石線，運輸金砂，當時焿子寮設有車站。金瓜石線即深澳線的前身。隨著深澳線停駛，廢棄的海濱車站，僅存空蕩的站房、月台。車站前面通往蝙蝠橋的籠山路即是深澳線的舊鐵道。

福龍宮：主祀天上聖母媽祖，創建於清咸豐六年（1856），是海濱社區的信仰中心。

▲ 蝙蝠洞公園賞蝠平台

蝙蝠洞公園：沿著籠山路，經過蝙蝠橋，直行即抵達瑞芳蝙蝠洞公園。瑞芳蝙蝠洞是台灣已知最大的蝙蝠群居洞穴，曾有數十萬隻蝙蝠棲息此地。因公路興建後，生態環境改變，目前蝙蝠棲息數量已大幅減少。蝙蝠洞公園以蝙蝠為主題，以「蝠」字為發想，設有五「蝠」臨門、「蝠」如東海、鐘聲幸「蝠」、幸「蝠」一生、「蝠」星高照等藝術裝置，園區內設有涼亭、步道等。

蝙蝠洞海濱步道：步道沿著海岸，從蝙蝠洞公園通往蝙蝠洞磯釣平台。大約步行15分鐘即可抵達觀景平台，附近海岸的海蝕平台發達，是熱門的磯釣地點。

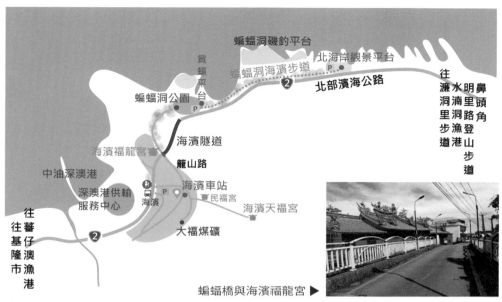

蝙蝠橋與海濱福龍宮 ▶

交通資訊

【自行開車】地圖衛星導航輸入「新北市瑞芳區海濱車站」，即可抵達目的地。海濱車站旁設有小型停車場。

【大眾運輸】搭乘公車791、886、1051至海濱（大福煤礦）站。

附近景點

蕃仔澳漁港、濂洞里步道、水湳洞漁港、明里路登山步道。

旅行建議

步道沿途較無遮蔭，建議勿於炎熱時分造訪。建議散步路線：海濱車站→6分鐘→福龍宮→6分鐘→蝙蝠洞公園→15～20分鐘→北海岸觀景平台，單程約40分鐘。

▲ 蝙蝠洞海濱步道

▲ 蝙蝠洞磯釣平台

53

南雅漁村

南雅奇岩 南子吝山 南雅地質步道

南子吝步道無敵海景
南雅地質步道多奇岩

　　南雅漁村，地名為「南子吝」，地名意義不詳，可能源自平埔族語。清代嘉慶十四年（1809）的契約中，已出現「南仔吝」的地名，今屬於南雅里。南雅海岸為大埔層砂岩，軟硬不同的岩層長期受海蝕風化影響，形成海崖、海溝、海蝕平台以及奇形怪狀的風化岩。

▲ 南雅漁村

▲ 南雅漁村石頭厝

【景點 *Highlight*】

南雅聚落：南新宮為聚落信仰中心，主祀天上聖母媽祖。南新宮右側附近聚落有幾棟傳統的石頭厝。1890年，馬偕牧師前往宜蘭傳教時，曾經過南子吝，描述這是住有三、四十戶居民的漁村。後來在南子吝設立教會，教堂今已消失。

▲ 南子吝步道

南子吝步道：長約 1 公里，步行時間約40～50分鐘，步道終點為海拔196公尺的南子吝山。南子吝山以展望優美著稱，擁有360度環繞視野的山海美景。一邊是東北角海岸曲折海岸海景；另一邊則是著名的「劍龍稜」黃金稜線。雖然步道有不少階梯，登爬有點辛苦，不過卻是很值得一訪的景點。

南雅地質步道：南雅附近最平易近人的步道，全長600公尺，從南雅漁港停車場通往石梯坑溪出海口的仁愛橋。步道沿著海岸而行，沿途海岸礁岩嶙峋，步道終點有著名的南雅奇石——「霜淇淋岩」，柱狀的岩峰因岩石含鐵礦質，受到氧化而形成帶狀紋路，呈現深淺不同色彩，宛若霜淇淋般，令人讚嘆。

◀ 南雅漁港停車場 (南雅地質步道入口)

交通資訊

【自行開車】地圖衛星導航輸入「南雅漁港停車場」，即可抵達目的地。南雅漁港設有免費停車場。

【大眾運輸】搭乘公車791、856台灣好行黃金福隆線、886至南雅（南新宮）站。

附近景點

水湳洞遊憩區、鼻頭角漁港、鼻頭角步道、龍洞灣、龍洞灣岬步道。

旅行建議

遊覽南雅地質步道及登南子吝山。南雅地質步道單程約15～20分鐘。南子吝步道單程約40～60分鐘，多為階梯步道。

▲ 南子吝步道終點——南子吝山

▲ 南雅地質步道海蝕礁岩

猴硐貓村
世界六大賞貓景點之一 礦村變貓村

猴硐貓村看貓好療癒
瑞三礦業遺跡顯風華

　　猴硐，舊稱「猴洞」，早期因有猴群棲息洞穴而得名。日治時代，猴洞發現蘊藏豐富煤礦，而發展成為礦業聚落，由於礦坑忌諱遇水，於是將猴洞改名為「猴硐」。猴硐如今以貓村聞名，被美國CNN評選為「世界六大賞貓景點」之一。

▲ 猴硐貓村意象造景

▲ 貓村的貓咪與貓橋

【景點 *Highlight*】

猴硐貓村：貓村位於猴硐車站後方的山麓聚落。猴硐車站有一座貓橋跨越鐵道，通往貓村。貓村聚落有各種與貓相關的意象造景、文創商店，成為猴硐最有人氣的景點。

猴硐煤礦博物園區願景館：原為瑞三選煤廠倉庫，猴硐煤礦博物園區成立後，設立願景館，展示猴硐礦業相關的文史資料，是認識猴硐礦業歷史的窗口。館內以猴硐歷史、礦業風華、聚落人物做為展示主題，描繪礦工臉譜及展出知名礦工畫家作品。願景館也設有影音播放室，定時播放關於猴硐人文歷史的簡介。

▲ 猴硐貓村

▲ 願景館

交通資訊

【自行開車】
地圖衛星導航輸入「猴硐車站」即可抵達目的地。車站附近設有免費停車場。

【大眾運輸】
搭乘台鐵宜蘭線至猴硐車站；或從瑞芳火車站搭乘公車808至猴硐車站。

附近景點

猴硐舊火車隧道群、猴硐神社、金字碑古道、大粗坑古道、柴寮古道、碩仁里魚寮社區、三貂嶺瀑布。

旅行建議

建議依地圖遊覽猴硐煤礦博物園區各個景點。

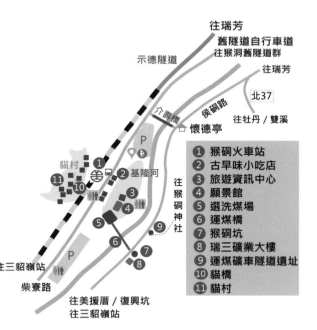

往瑞芳
舊隧道自行車道
往猴洞舊隧道群
往瑞芳
示德隧道
北37
介壽橋
往牡丹 / 雙溪
懷德亭
貓村
基隆河
往猴硐神社
往三貂嶺站
柴寮路
往美援厝 / 復興坑
往三貂嶺站

1 猴硐火車站
2 古早味小吃店
3 旅遊資訊中心
4 願景館
5 選洗煤場
6 運煤橋
7 猴硐坑
8 瑞三煤業大樓
9 運煤礦車隧道遺址
10 貓橋
11 貓村

選洗煤場： 又稱「整煤廠」、「選炭場」、「選洗煤場」，猴硐各礦坑開採出來的煤炭，經由輕便鐵道輸送至選煤廠，經過水洗及篩選後，再由火車運出銷售。座落於車站旁的這座選洗煤場也成為瑞三煤礦猴硐礦區最醒目的建築物。

運煤橋： 運煤橋是猴硐最具代表性的地標之一。這座跨越基隆河的優美圓弧拱橋，最初為三層造型鐵橋，俗稱「三層鐵橋」。日治時代大正九年（1920），因宜蘭線鐵道猴硐段通車，開採的煤炭改以鐵路輸出，因此建造這座運煤鐵橋通車站旁的選洗煤場，後來改建為鋼筋混泥土大橋。

▲ 運煤橋

▲ 選洗煤場

57

三貂嶺社區
三貂嶺隧道北口小聚落 瀑布溪流美

三貂嶺瀑布群森林浴
自行車道隧道逍遙遊

　　瑞芳三貂嶺社區位於台鐵宜蘭線及平溪線分支點三貂嶺車站附近的河谷地，行政區域屬於瑞芳區碩仁里。清代嘉慶年間，福建人葉聘移入此地，搭建屋寮，以捕魚為生，因此被稱為「魚寮仔」。

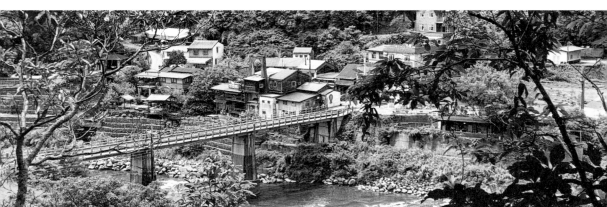

▲ 三貂嶺社區

【景點 *Highlight*】

基隆河河岸步道：魚寮社區新建的河岸步道，長約0.5公里，沿著基隆河右岸而行，步道寬闊平緩好走，是山村悠遊及觀賞基隆河風景的散步路線。

三貂煤礦：座落於魚寮路路旁，是本地主要的礦業遺跡，見證了三貂嶺地區煤礦產業的歷史。

碩仁國小：日治時代魚寮成為礦村，煤礦業興盛時期，人口多達千人，設有碩仁國小。礦業結束後，人口大量外移，碩仁國小也因此廢校，瑞芳社區大學在此成立「三貂嶺文史工作站」，推動當地煤礦文史活動。

▲ 基隆河河岸步道

▲ 三貂煤礦

交通資訊

【自行開車】
地圖衛星導航輸入「三貂煤礦」,即可導航至碩仁里魚寮路,抵達三貂煤礦後,續行約1、200公尺,即抵達碩仁里免費停車場。

【大眾運輸】
搭乘台鐵宜蘭線至三貂嶺車站,步行平溪線鐵道旁小路約900公尺抵達碩仁里魚寮社區。或從瑞芳火車站搭乘F808新巴士至碩仁里站(班次有限)。

附近景點

猴硐煤礦博物園區、幼坑古道、舊三貂嶺隧道自行車道、牡丹老街。

旅行建議

可順遊三貂嶺瀑布步道,一般遊客建議步行至合谷瀑布上游的中坑溪及五分寮溪吊橋,路程約40分鐘,然後原路折返。

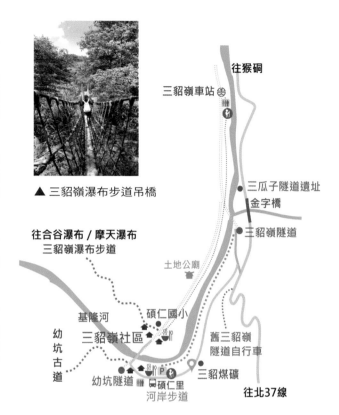

▲ 三貂嶺瀑布步道吊橋

三貂嶺瀑布步道: 步道入口位於碩仁國小校門口前面的巷子裡。步行約半個小時(1.2公里)即可抵達著名的合谷瀑布觀瀑台。一般遊客建議步行至合谷瀑布上游的中坑溪吊橋及五分寮溪吊橋後折返。從吊橋續行約30分鐘至摩天瀑布,然後須爬上陡峭山壁後,才能抵達更上方的枇杷洞瀑布。

舊三貂嶺隧道自行車道: 預定2022年7月啟用,連結猴硐與牡丹之間的遊憩空間,魚寮聚落位於舊三貂嶺隧道北口,將可串連牡丹老街的景點,也會吸引更多遊客造訪魚寮社區。

▲ 碩仁國小(已廢校)

▲ 三貂嶺瀑布步道

九份大竿林

大竿林金山岩 五番坑口 石磐瀑布

大竿林溪石磐瀑布
五番坑口金礦遺跡

大竿林位於九份聚落位置最高的地點，因山坡長許多芒草，芒草俗稱「竿尾」，因此被稱為「大竿林」。大竿林位於九份老街的尾段，遠離熱鬧的老街商店，生活步調較為緩慢閑靜，也吸引不少藝術家及文創店舖在此落腳。

▲ 九份大竿林聚落

▲ 大竿林金山岩

【景點 *Highlight*】

金山岩：大竿林著名的廟宇，源自日治採金時期，九份居民在岩壁雕鑿觀世音菩薩，廟宇結構依附於巨大的山壁。金山岩廟埕居高臨下，成為眺覽山海風景的絕佳地點。

五番坑道紀念公園：大竿林五番坑，開鑿於日治時代1927年，戰後由九大公司承包，至1971年收坑。後來規劃為「五番坑道紀念公園」，礦坑口前設有小廣場。

大竿林石頭厝：聚落內仍保存不少早期的石頭厝，隱身於巷弄間。漫步大竿林，穿梭巷弄，在拐角轉處，隨時會與古雅的石頭厝驚喜相遇。

大竿林溪石磐瀑布：位於大竿林金山佛堂後方公廁鄰旁的大竿林溪，旁邊的石牆遺跡是採金時期的搗礦場，也稱為「洗金仔」、「水車間」。這座小瀑布是較少遊客知曉的大竿林祕境景點。續沿著石階步道上爬不遠，即抵達大竿林福德祠，廟旁有兩塊日治時代的古碑，見證了大竿林聚落的歷史。

▲ 五番坑

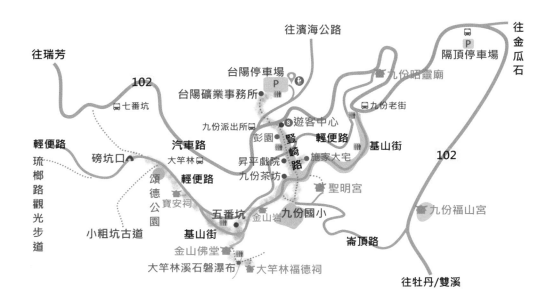

交通資訊

【自行開車】地圖衛星導航輸入「新北市瑞芳區台陽停車場」，即可抵達目的地。從豎崎路進入九份老街，再沿著基山街走往大竿林聚落。

【大眾運輸】搭乘公車788、825、827、856台灣好行黃金福隆線、965至九份派出所站。

附近景點

九份老街、小粗坑古道、琉榔路觀光步道、基隆山、三安社區山尖古道。

旅行建議

順道遊覽九份老街。

▲ 大竿林溪石磐瀑布

▲ 大竿林福德祠古碑

大粗坑聚落
吳念真導演的故鄉——小美國

淘金時代形成的聚落
大粗坑見證礦業滄桑

　　大粗坑因溪谷多石礫，而且山谷範圍大於附近的小粗坑，因此稱為「大粗坑」。光緒十六年（1890），基隆河發現砂金，淘金客溯源尋找金礦，終於在基隆河支流大粗坑溪上游的小金瓜露頭發現金礦礦體，因而開啟台灣輝煌的採金時代。大粗坑形成礦村聚落。

▲ 大粗坑聚落

▲ 大粗坑聚落入口

【景點 *Highlight*】

大粗坑聚落：採金全盛時期聚集三百多戶，有「小美國」之稱，這裡也是電影導演吳念真的故鄉。採礦結束後，人口外流，廢棄的屋舍隨歲月摧殘，只剩斷垣殘壁，漸漸隱沒於樹林草叢中。

大粗坑聚落入口位於九份往牡丹的102公路里程約18.9公里處。沿著產業道路下行，步行約10多分鐘，即抵達大粗坑聚落。

大粗坑陸橋：俗稱「大粗坑天梯」，跨越溪谷，是通往大粗坑聚落的通道。聚落入口的二層樓洋房，曾經是大粗坑主要的柑仔店，如今荒廢寂寥。

▲ 天梯通往大粗坑聚落

▲ 大德宮（左）、大山國小（右）

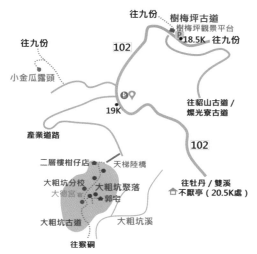

交通資訊

【自行開車】

地圖衛星導航輸入「新北市瑞芳區樹梅景觀台」，抵達樹梅景觀台停車場，續步行約300公尺抵達102公路里程18.9公里大粗坑聚落入口。

【大眾運輸】

無。搭乘台鐵宜蘭線至猴硐車站，步行約50分鐘抵達大粗坑古道入口，或從瑞芳搭乘808公車至弓橋社區活動中心站，步行約40分鐘至大粗坑古道入口，上爬約半小時，抵達大粗坑聚落。

附近景點

小金瓜露頭、不厭亭、樹梅坪古道、金字碑古道。

旅行建議

造訪大粗坑聚落以自備交通工具較為方便。建議順訪附近的小金瓜露頭（九份、金瓜石最早發現的金礦礦體）、不厭亭（102公路瑞芳、雙溪交界處）。

▲ 小金瓜露頭

猴硐國小大粗坑分校：俗稱「大山國小」，採金結束後，大粗坑人口外移，民國67年，分校裁撤，如今僅存空蕩校舍，成為大粗坑聚落最明顯的地標。學校旁的房屋為大德宮，有大粗坑居民定時前來維護管理，是目前聚落保存完整的石頭屋。

大粗坑古道：從大粗坑聚落通往山腳下的猴硐，古道長約1公里，步道鋪花崗石，路況良好，成為遊客古道尋幽及登山健行的踏線。

▲ 大粗坑古道

▲ 大粗坑古道入口（猴硐端）

小粗坑聚落
小粗坑礦業聚落 小粗坑古道

小粗坑礦村風華依舊
山神廟古道旅人尋幽

　　小粗坑聚落位於猴硐弓橋里北側的山區，溪流坑谷多石塊，因範圍小於鄰近的大粗坑，因此稱為「小粗坑」。日治初期，開採金礦，興盛時期居民多達二百多人，採礦結束後，人口外移，房屋多已荒廢。

▲ 小粗坑聚落

▲ 小粗坑古道

【景點 *Highlight*】

小粗坑古道：從猴硐弓橋社區越嶺小粗坑山，通往九份頌德公園。小粗坑聚落約位於步道里程0.9公里處。從弓橋社區出發，步行約30～40分鐘，即可抵達小粗坑聚落。

小粗坑聚落：廢棄的礦村，曾經無人居住，而成為山林祕境。後來有出家人在此設立佛堂，成為唯一長居的住戶。聚落遺址隨處可見石頭厝荒廢於路旁草叢中，氛圍滄桑，也成為旅人尋幽的懷舊景點。

小粗坑分校遺址：位於小粗坑聚落內，民國38年設立猴硐國小小粗坑分校，民國67年廢校，校園圍牆門柱及教室依舊在，只是漸漸被樹根蔓草所盤據。

▲ 小粗坑古道

▲ 小粗坑分校遺址

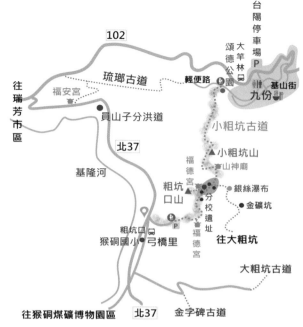

交通資訊

【自行開車】
地圖衛星導航輸入「新北市瑞芳區小粗坑古道」，即導航至猴硐弓橋社區入口，步道入口旁設有小型停車場。

【大眾運輸】
搭乘台鐵宜蘭線至猴硐車站，步行約20分鐘至弓橋社區小粗坑古道入口；或從瑞芳火車站搭乘808公車至粗坑口站。

附近景點

猴硐煤礦博物園區、九份頌德公園、九份老街、琉瑯古道（琉榔路觀光步道）。

旅行建議

建議參觀小粗坑聚落，然後爬至小粗坑古道越嶺鞍部，登頂小粗坑山後，原路折返。如搭乘大眾交通運輸工具，則建議走完全程至九份老街，再搭乘公車下山。

粗坑口山觀景平台 ▶

粗坑口山：又稱「粗坑山」，從小粗坑分校有一條山徑通往粗坑口山，步行約8分鐘，抵達粗坑口山，山頂臨崖，設有觀景平台，可眺覽基隆河及瑞芳柑仔瀨一帶的風景。

山神廟：小粗坑古道沿途及小粗坑聚落內，至今仍保存兩間小土地公廟及一間山神廟。昔日庇佑聚落、安定礦工心靈的山神廟，如今寂寥於古道途中，默默見證著小粗坑逝去的黃金歲月。

▲ 山神廟

▲ 小粗坑古道越嶺鞍部眺望基隆山

65

三安社區
山尖古道 水圳橋遺跡 摸乳巷水圳

三層橋古道最美風景
摸乳巷水圳穿石而行

　　三安社區，舊稱「山尖鞍」，清代又稱「內九份」，位於基隆山東南側山鞍的偏僻小村。日治初期因九份、金瓜石採金熱潮，聚落迅速發展。而採礦結束後，人口外流，僅剩少數幾戶人家而已。

▲ 三安社區（山尖鞍）

▲ 山尖古道

【景點 *Highlight*】

山尖古道： 是昔日聯絡九份與水湳洞地區的一條道路，經過三安社區。隨著公路開闢而逐漸沒落。後來規劃為休閒步道，命名為「山尖路觀光步道」或「山尖步道」，古道沿途有老屋舊牆、內九份溪、水圳橋遺跡等風景。

水圳橋遺跡： 山尖古道最著名的遺跡，也稱「三層橋」，共有三座橋，上中下三層。最下方的小拱橋是最早興建的古橋。後來為便利人行，又在上方處興建

▲ 水圳橋遺跡（三層橋）

一座新橋。最上層的水圳橋建造於1933年，從內九份溪上游引水至水湳洞選煉廠，提供煉銅之用。

石壁水圳小徑： 山尖古道從石山橋附近往金福宮途中，與橫向的舊水圳道交錯，沿著這條水圳而行，途中有一段水圳穿鑿巨大岩塊，形成一線天峽谷景觀，被戲稱為「金瓜石摸乳巷」。穿過峽谷小徑，續行步道不遠，即抵達金福宮。

金福宮： 創建於1896年，是因金瓜石開採金礦而設立的土地公廟，以提供礦工精神依託。後因原址做為金瓜石公學校（今瓜山國小）校地而遷至現址。

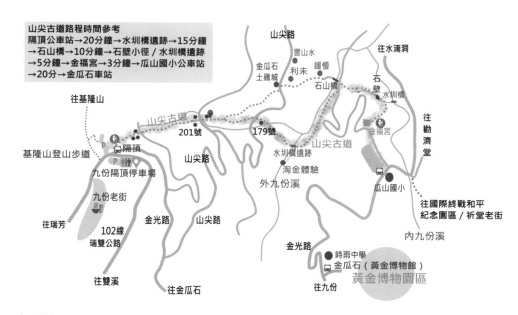

山尖古道路程時間參考
隔頂公車站→20分鐘→水圳橋遺跡→15分鐘
→石山橋→10分鐘→石壁小徑／水圳橋遺跡
→5分鐘→金福宮→3分鐘→瓜山國小公車站
→20分→金瓜石車站

山尖路
往水滴洞
雲山水
金瓜石　利末　緩慢　石
土雞城　　　　　　壁
　　　石山橋　　水圳橋
往基隆山
山尖古道
201號　　　179號　　　往勤濟堂
　　　　　　　山尖古道　金福宮
基隆山登山步道　　　水圳橋遺跡
九份隔頂停車場　淘金體驗
　　　　　外九份溪　瓜山國小
九份老街
往瑞芳　　　　　　　　　　往國際終戰和平
102線　金光路　山尖路　　紀念園區／祈堂老街
瑞雙公路
往雙溪　　　　　　　　內九份溪
往金瓜石　金光路
　　　時雨中學
　　　金瓜石（黃金博物館）
黃金博物園區
往九份

交通資訊

【自行開車】地圖衛星導航輸入「九份隔頂停車場」（停車收費每次100元），步道入口就在
　　　　　　停車場入口對面的公路旁。

【大眾運輸】從捷運忠孝復興站搭乘基隆客運1062、或從瑞芳火車站搭乘788公車至隔頂站；
　　　　　　或搭乘公車825、827至九份站。

附近景點

九份老街、基隆山、九份福山宮廟中廟、金瓜石黃金博物園區。

旅行建議

建議從九份隔頂停車場出發，步行山尖古道進入三安社區，全程都為下坡路，至石山橋，再
爬向金福宮，然後步行至瓜山國小，搭乘公車回九份隔頂停車場或繼續從附近的石階步道爬
往國際終戰和平紀念園區，經祈堂老街，遊覽金瓜石。再從金瓜石車站搭公車回到九份。

▲ 水圳穿過石壁（金瓜石摸乳巷）

▲ 金福宮

67

金瓜石聚落
金瓜石黃金博物園區 祈堂老街

日式宿舍濃濃懷舊味
祈堂老街淡淡閒適遊

　　金瓜石地名源自當地一座貌似南瓜的山丘巨岩。台語稱南瓜為「金瓜」，因此這座山被稱為「金瓜山」，又稱「大金瓜」。金瓜山是含金銅量豐碩的礦體——「本脈礦體」。日治時代，金瓜石發展成為亞洲金都，現在是著名的黃金博物園區。

▲ 金瓜石車站遊客服務中心

▲ 金瓜石日式宿舍（四連棟）

【景點 Highlight】

黃金博物館： 位於黃金博物園區本山五坑旁，由昔日礦場辦公室整建而成，展覽金瓜石礦業歷史與文化。館內展示一塊高達220公斤的999.9大金磚，是全球最大的金塊，已被列入金氏世界紀錄。

本山五坑： 是金瓜石保存最完整的礦坑。礦坑內設有一條長約110公尺的新坑道，設置生動擬真的模型，呈現採礦工作業的樣貌，讓遊客親身體驗礦工在坑道內作業的情景。

金瓜石神社： 又稱「黃金神社」，初創於1897年，座落於大金瓜露頭本山礦場東側。1933年，神社遷移至現址並加以擴建。目前僅存殘餘兩座鳥居、一旗台、石

▲ 黃金博物館

▲ 本山五坑

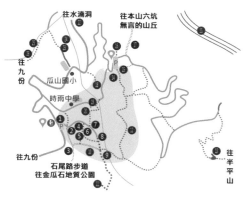

交通資訊

【自行開車】
地圖衛星導航輸入「金瓜石站頂停車場」，即可抵達目的地。從停車場石階路下行，即抵達金瓜石遊客中心。

【大眾運輸】
搭乘公車103、791、802、1051、R66至望海巷或八斗子車站站，或搭乘台灣平溪深澳支線至八斗子站。

附近景點

水湳洞遊憩區、九份老街、茶壺山、基隆山。

旅行建議

建議參考地圖所列景點，依個人興趣漫步遊逛金瓜石景點。金瓜石黃金博物園區各個路口也設立詳細的指標或導覽地圖，提供遊客參考。

1 金瓜石車站
2 遊客服務中心
3 石尾路
4 四連棟
5 煉金樓、環境館
6 礦工食堂、金水特展室
7 行政辦公室、郵局
8 太子賓館
9 本山五坑、黃金博物館
10 輕便台車道
11 金瓜石神社
12 舊輕便車道
13 茶壺山
14 勸濟堂
15 古砲台遺址、小隧道
16 報時山、朝日亭
17 六坑索道
18 國際終戰和平紀念公園
19 金水公路
20 祈堂老街
21 廢煙囪
22 金水公路
23 金福宮
24 舊水圳遺蹟
25 山尖古道
26 水圳仔橋遺址

燈籠四座及神社本殿的十根殿柱。近年來黃金博物園區已修復鳥居及石燈籠，成為園區重要的人文景點之一。

太子賓館：日治時期田中礦業株式會社為招待當時日本皇太子裕仁預定視察金瓜石礦山，而於1922年興建的臨時行館，被稱為「太子賓館」，是目前金瓜石地區保存最完整的日式建築，為新北市市定古蹟。

祈堂老街：又稱「金瓜石老街」，主要是台灣人礦工居住的聚落，住宅順著山勢興建，有傳統的柑仔店及少數店家，沒有太濃厚的商業氣息，老街安靜，仍保有質樸的山城小村風貌。

▲ 金瓜石神社

▲ 祈堂老街

69

水湳洞漁港
濂洞灣 陰陽海 濂新里聚落

水湳洞漁港看奇岩峭壁
明里路登山眺望濂洞灣

水湳洞地名來自附近海岸一塊巨岩海蝕洞，溪流自山上流下，造成洞穴附近形成泥灘的「湳仔地」，所以稱為「水湳洞」。水湳洞分為濂洞里、濂新里，前者被規劃為「水九金遊憩區」之一；濂新里聚落則較寂寥，有水湳洞漁港及明里路登山步道等景點。

▲ 濂洞灣、水湳洞漁港

▲ 水湳洞漁港

【景點 *Highlight*】

水湳洞漁港：一座小型漁港，位於濂洞灣（俗稱「陰陽海」）的東側，原本少有遊客造訪，後來因為電視廣告、電視劇、電影陸續在這裡取景拍攝，漸漸吸引遊客目光。漁港東碼頭旁有大山壁及海蝕洞，吸引遊客取景攝影。

濂新里聚落：水湳洞漁港有一條社區涵洞通道穿過濱海公路，至濂新里聚落。濂新里聚落，房屋依山勢而建，聚落內有一條「明里路登山步道」做為聯絡道路，穿梭於山城聚落巷弄間，回望則見濂洞灣美景。

陰陽海觀景點：明里路登山步道終點的明里路有一處攝影玩家口耳相傳的陰陽海觀景點，可以拍攝以雄矗的基隆山為背景、完整的濂洞灣 C 形海灣的美景。

威遠廟：是水湳洞地區唯一的大型廟宇，主祀開台聖王國姓爺鄭成功。金亭旁有一條步道通往附近的長仁社區。威遠廟附近的長仁路3號江夏堂黃家三合院，俗稱「大塊厝」，是當地最著名古厝。附近的福濂宮，是一間廟中廟，廟裡保存舊的石砌小土地公廟，也值得順道一遊。

▲ 明里路登山步道（濂新里聚落）

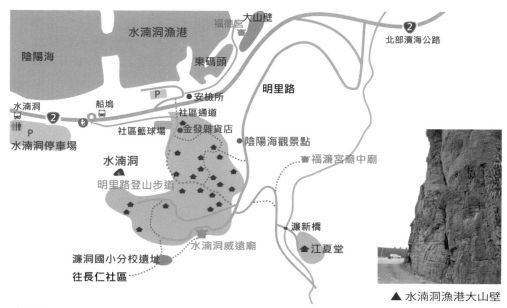

▲ 水湳洞漁港大山壁

交通資訊

【自行開車】地圖衛星導航輸入「水湳洞漁港」或「舊台鐵深澳線水湳洞車站址」（水湳洞停車場），即可抵達目的地。水湳洞停車場停車空位較多且較便利。

【大眾運輸】搭乘公車791、886、805至船塢（濂新里）站；或公車1811、856台灣好行、886、891至水湳洞站，步行約4～5分鐘至水湳洞漁港。

附近景點

陰陽海、濂洞里步道、黃金瀑布、水湳洞選煉廠遺址（十三層）。

旅行建議

濂新里健行路程參考時間：水湳洞漁港→3分鐘→東碼頭大山壁→5分鐘→金發雜貨店→12分鐘→陰陽海觀景點→8分鐘→江夏堂黃氏古厝→5分鐘→福濂宮→8分鐘→威遠廟→12分鐘→水湳洞漁港（步行距離約2.4公里，約1.5小時）。

▲ 威遠廟附近眺望基隆山

▲ 江夏堂三合院古厝

71

長仁社區

十三層水湳洞選煉廠 最佳眺望點

長仁亭前觀覽山海美景
長仁社區漫步安靜遊蕩

長仁，位於水湳洞選煉廠遺址附近，是因採礦而興起的礦村聚落。1905年，金瓜石礦山採礦主任安間留五郎在此地發現硫砷銅礦，又發現大量含金硫砷銅礦，於是以礦主田中長兵衛及礦長小松仁三郎的名字各取一字，命名為「長仁礦床」，成為地名由來。

▲ 長仁亭

▲ 從長仁亭眺望十三層、基隆山

【景點 *Highlight*】

長仁亭：位於長仁社區活動中心附近的小山丘，從長仁社區活動中心康樂台旁的石階步道上行，約一百二十階，即抵達山頂的圓形涼亭。長仁亭是拍攝「十三層」遺址最佳位置。十三層，即水湳洞選煉廠，廠房建於山坡，十幾層羅列於山坡，俗稱「十三層」。這裡也是眺覽基隆山及濂洞灣（陰陽海）的極佳位置。

▲ 長仁社區康樂台（長仁亭入口）

長仁社區：長仁社區是礦村聚落，因採礦而繁榮，也因採礦結束而沒落。相較於金瓜石或附近的濂洞聚落，長仁社區顯得較為冷清，礦村寂寥，適合喜歡沉思幽靜的旅人。長仁社區活動中心旁有石階步道通往附近濂新里聚落的威遠廟，途中不少荒廢的古厝，見證礦業結束後的滄桑。

黃金瀑布：位於往長仁社區道路入口的公路旁。由於溪水伏流於礦山，礦砂融於溪床，水質飽含氧化的礦石顏色，形成金黃色的瀑布景觀，因而得名，成為水湳洞最著名的景點。

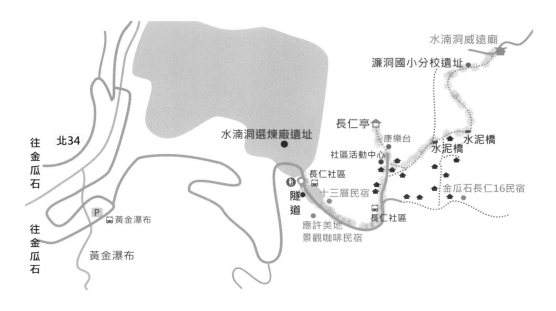

水湳洞威遠廟
濂洞國小分校遺址
長仁亭
康樂台
社區活動中心
水泥橋
水泥橋
長仁社區
金瓜石長仁16民宿
水湳洞選煉廠遺址
往金瓜石
北34
十三層民宿
隧道
長仁社區
黃金瀑布
應許美地
景觀咖啡民宿
往金瓜石
黃金瀑布
P

交通資訊

【自行開車】地圖衛星導航輸入「新北市瑞芳長仁亭」，即可抵達目的地。康樂台前的空地可以停車。假日建議汽車勿駛進長仁社區，可停於水湳洞選煉廠遺址的道路旁空地。

【大眾運輸】搭乘公車891、F805至長仁社區站。

附近景點

水湳洞威遠廟、黃金瀑布、水湳洞遊憩區、金瓜石黃金博物園區。

旅行建議

建議可以順道從長仁社區活動中心旁的石階步道下行，走往濂洞里威遠廟，遊覽濂新里聚落。步行時間約15分鐘，即可抵達濂新里水湳洞威遠廟。

▲ 步道通往濂新里威遠廟

▲ 黃金瀑布

新社位於貢寮區雙玉里，清朝時代稱為「三貂庄」，是凱達格蘭族重要的生活領域。「三貂」是外來語，相傳源自西班牙人稱此地為Santiago（聖地牙哥），後來衍音為「山朝」、「三朝」，最後成為「三貂」。

▲ 新社慈仁宮媽祖廟

▲ 新社山西祠

【景點 Highlight】

新社慈仁宮：當地著名的媽祖廟，是台灣極為罕見的漢人與平埔族人共同建立的廟宇。神龕上的牌匾落款有「紳耆民番暨信士等敬立」文字。廟牆上刻有許多捐獻建廟者，有當地漢人仕紳、當時船戶商號與平埔族頭目等，漢人大多姓吳，似與早期吳沙拓墾大三貂地區有關。廟旁一座咸豐六年（1856）「奉憲嚴禁持械擄劫」的古碑。

▲ 山西祠的原住民畫像

山西祠：又稱「巴賽祖師廟」，是三貂新社潘姓家族的祠堂。「潘」姓是台灣平埔族改為漢姓時常選取的姓氏。「山西」是Sanasai（山那賽）的中文音譯。相傳三貂社的祖先發源於Sanasai，因為出海捕魚，遇到颱風，漂流到台灣的東北角，因此在這裡定居下來。山西祠的牆壁繪有早期外國人繪的台灣原住民人像，散發出濃郁的原住民風情。

新社渡口遺址：慈仁宮廟右後方有小徑通往附近的新社渡口遺址，有一座大正十五年（1926）的石砌土地公廟及古碑。昔日的渡口已無遺跡。

▲ 新社橋眺望雙溪河

（地圖標示）

往澳底

龍門沙灘

2

新社橋頭

復興街

舊社

新社橋

新社渡口福德祠

新社　福德廟

慈仁宮

龍門街

新社

學苑街

山西祠

田寮洋街

雙溪河

貢寮車站　朝陽街

貢寮國小

龍門吊橋

2丙

田寮洋賞鳥區
田寮洋濕地

龍門露營區

2丙

交通資訊

【自行開車】地圖衛星導航輸入「新北市貢寮區慈仁宮」，即可導航至目的地。

【大眾運輸】搭乘台鐵宜蘭線至福隆車站，轉乘公車F839至新社橋頭；或公車791（經貢寮）、887至新社站；或搭乘計程車至慈仁宮（約3.5公里）。

附近景點

貢寮老街、田寮洋濕地、龍門吊橋、福隆海水浴場、舊草嶺隧道。

旅行建議

建議可順道遊覽貢寮老街、龍門吊橋及福隆海水浴場、舊草嶺隧道等附近景點。

▲ 咸豐六年古碑

▲ 田寮洋濕地

貢寮老街
損仔寮老街 73貢學堂 林榮豐米店

彩虹情人橋漫步賞景
老街文創店閒逛悠遊

　　貢寮，舊稱「損仔寮」，地名起源的說法不一，或說平埔族三貂社稱捕捉山豬的陷阱為Kona，漢人譯為「損仔」，此地建有草寮，因而稱為「損仔寮」，後來改名為「貢寮」。

▲ 舊貢寮橋（貢寮彩虹情人橋）

▲ 貢寮老街

【景點 Highlight】

舊貢寮橋：跨越雙溪河，是貢寮老街聚落的居民前往貢寮火車站必經的橋梁。站在橋上能眺覽雙溪河風景。新的貢寮大橋完工後，取代這座舊橋。舊貢寮橋經過彩繪美化，稱為「貢寮彩虹情人橋」，成為老街迎賓之橋。

貢寮老街：貢寮老街短短長約300公尺，由於人口外流，老街發展停滯，因此仍保持著幾十年前台灣傳統的街屋風貌，散發著濃郁的懷舊氛圍。在地方創生團隊與居民共同努力下，老街開設了書店、小穀倉、餐飲等商店，為寂寥的老街，注入了新的活力。

▲ 貢寮老街入口

▲ 貢寮老街屋牆彩繪

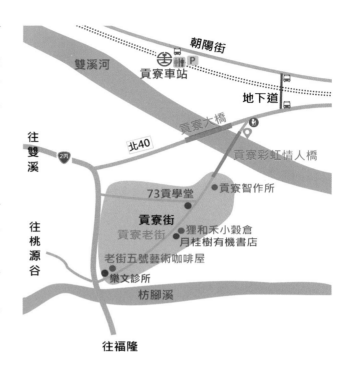

交通資訊

【自行開車】
地圖衛星導航輸入「貢寮老街」即可抵達目的地。貢寮火車站設有小型停車場（亦可航至貢寮車站），老街旁的台2丙公路路旁亦有空地可停車。

【大眾運輸】
建議搭乘台鐵至貢寮車站，步行約300公尺至貢寮老街。

附近景點

桃源谷、新社慈仁宮、遠望坑親水公園。

旅行建議

建議順道遊覽附近的新社慈仁宮及山西祠，從貢寮車站步行前往約30分鐘（約1.6公里）。或開車前往附近著名的桃源谷大草源（從蕭家莊登山口上爬約25〜30分鐘）。

老街文創商店：近年來貢寮老街推動創生計畫，活化老街閒置空間，設立文創商店，例如：「73貢學堂」、「雙溪一十四有機書店」，還有人禾環境倫理發展基金會在老街設立「狸和禾小穀倉」，銷售貢寮吉林村有機水稻田生產的有機米。老街的樂文診所則是守護著醫療資源缺乏的貢寮老街，為居民健康付出心力；診所內設有「台客小舖」，放置當地外籍看護的生活必需品及代購品的空間服務。路過貢寮時，不要匆匆而過，不妨順道逛逛摃仔寮老街，領略老街舊屋默默訴說光陰的故事。

▲ 73貢學堂

▲ 林榮豐米店

龍洞漁村
龍洞灣海洋風情 浮潛攀岩聖地

龍洞漁港山海相映
龍洞岩場峭壁壯觀

　　龍洞，舊稱「撈洞」，地名源自平埔族語，擁有東北角海岸最古老的岩層。龍洞灣岬突出海面，以堅硬的四稜砂岩形成的峭壁懸崖著稱。龍洞漁村位於龍洞灣的南側，為本地主要的聚落。

▲ 龍洞漁港

▲ 龍洞龍興廟

【景點 Highlight】

龍興廟： 龍洞漁村的信仰中心，主祀三府王爺，座落於龍洞漁村入口龍洞街旁，廟前有一觀景平台，正位於龍洞灣最凹處，是眺覽龍洞灣最佳位置。其旁有海濱步道通往龍洞灣北側的龍洞灣公園。

龍洞漁港： 位於山海接壤，擁有山海交映的美麗風光。漁港東側的海岸潮間帶為浮潛及戲水等海上活動的領域。附近商家提供浮潛裝備及沖水服務，成為夏日戲水景點。

龍洞岩場： 位於龍洞灣岬，是台灣最著名的攀岩場地。從和美國小沿著海岸的小路走至盡頭，再沿著海岸礁石前進，大約15分鐘，穿過林投樹叢後，即抵達龍洞岩場，有垂直的峭壁，是台灣最堅硬的岩石——四稜砂岩。附近海岸多岩石，岩石紋路宛如被利劍切劃，呈現錯綜塊狀線條，美麗而壯觀。

龍洞灣岬步道： 步道全長約1.7公里，入口位於和美國小校園旁，步道沿著龍洞岬山稜通往西靈禪寺，續有步道銜接龍洞四季灣。

▲ 龍洞岩場

交通資訊

【自行開車】地圖衛星導航輸入「新北市貢寮區和美國小」，即可抵達目的地。龍洞漁港及和美國小附近都設有免費停車場。

【大眾運輸】從台北車站搭乘國光客運1811、1812 或從基隆火車站搭乘公車791至龍洞站；或瑞芳火車站搭乘公車886至龍洞站（龍洞街口）或和美國小站。

附近景點

鼻頭角步道、龍洞灣海洋公園、龍洞四季灣、南雅漁村、南雅地質步道。

旅行建議

龍洞岩場並無正式步道，造訪時應特別注意安全，勿於天氣不佳、風浪大時造訪。夏季烈日高溫，應注意日曬問題。

▲ 龍洞漁港旁的潮間帶

▲ 龍洞灣岬步道

卯澳漁村
卯澳漁村石頭厝風光 騎車散步皆宜

卯澳利洋宮提籃觀音
吳家樓仔厝石頭古厝

　　卯澳漁村地處台灣的東北角，地名來源說法不一，或說灣澳有小溪川流，地形如同「卯」字，故名「卯澳」；或說源自平埔族語譯音。卯澳漁村保有傳統的石頭厝聚落型態，成為懷舊旅人嚮往的漁村景點。

▲ 卯澳灣

▲ 卯澳利洋宮

【景點 *Highlight*】

卯澳利洋宮：清代道光年間，有卯澳居民在海邊撿到一尊手提籃子的觀音佛祖神像，因漁籃象徵豐收，於是帶回供奉，道光十二年（1832）創建利洋宮，成為全台唯一供奉「提籃觀音」的廟宇。

▲ 卯澳漁村石頭厝

卯澳聚落：利洋宮鄰旁的卯澳聚落，保留不少傳統的石頭厝，是先民利用本地海岸岩石砌造的石頭屋，很有特色。

吳家樓仔厝：卯澳漁村最具代表性的石頭厝──吳家樓仔厝。石砌的兩層樓建築，後來改建為碾米廠，設有寬廣的庭院，外有石砌圍牆做為隔離。吳家樓仔厝石牆有各種砌法，包括「平行砌」、「人字砌」、「亂石砌」等工法，構成典雅的石頭厝建築。

福連國小：校園外設有彩虹色彩的階梯，面向大海，讓遊客坐在階梯欣賞風景，階梯前方的海岸是浮潛基地。福連國小每年畢業典禮，畢業生需學會浮潛基本技巧，無裝備下潛5公尺，從淺水海底拿取勇士狀，完成很特別的畢業儀式。

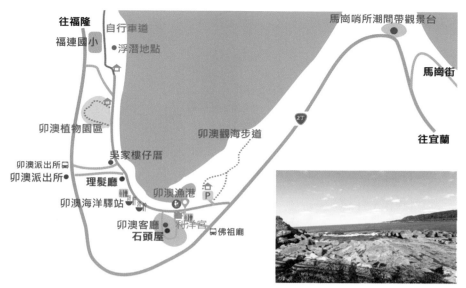

▲ 福連國小附近浮潛基地

交通資訊

【自行開車】地圖衛星導航輸入「卯澳海洋驛站」，即可導航至目的地。卯澳海洋驛站前的空地可以停車；卯澳漁村牌樓旁亦設有公共停車場。

【大眾運輸】從瑞芳火車站搭乘公車856（台灣好行─黃金福隆線）或從台北車站搭乘國光客運1811、1822至卯澳站。

附近景點

馬崗漁村、三貂嶺燈塔、福隆海水浴場、舊草嶺隧道。

旅行建議

卯澳漁村也是舊草嶺隧道環狀自行車道必經之地。建議亦可搭乘台鐵或公車至福隆車站，然後在車站附近租自行車騎舊草嶺隧道環狀自行車道（全長約20公里，騎乘時間約2小時），造訪卯澳漁村及三貂角沿途各個景點。

▲ 吳家樓仔厝

▲ 福連國小彩虹階梯

馬崗漁村
台灣本島極東的漁港 三貂角風情

極東公園三貂角燈塔
馬崗海蝕平台潮間帶

　　馬崗，位於三貂角的頂端，是台灣本島最東邊的聚落。馬崗地名的由來，或說日本統治台灣之初，在三貂角的駐軍將馬匹放牧於今三貂角燈塔附近的山崗，因此稱為「馬崗」。

▲ 馬崗漁港

▲ 馬崗漁村

【景點 Highlight】

極東公園：位於馬崗漁村入口旁，草地上立有紅色大字「極東公園」，這是台灣本島最東邊的海濱公園，設有一座五角拱門觀景平台，可以眺望海天美景，也成為熱門拍照打卡景點。

馬崗漁村傳統石頭屋：馬崗漁村聚落，房屋多就地取材，運用當地石頭及礁石，建造石頭厝，至今漁村內仍有不少石頭屋。以石頭砌造的防浪牆也是馬崗漁村的特色之一。原本寂寥的馬崗漁村，近年來隨著觀光發展，村內設有咖啡小屋及餐廳等店家，號稱是台灣本島最東邊的咖啡館及餐廳。

馬崗海蝕平台：馬崗海岸的海蝕平台地形發達，早期多開闢為九孔養殖池，僅在

▲ 極東公園觀景平台

▲ 馬崗漁村特有的石砌防浪牆

交通資訊

【自行開車】

地圖衛星導航輸入「馬崗漁港」，即可導航至目的地。極東公園設有小型停車場，漁村路空地亦可停車。

【大眾運輸】

從貢寮火車站搭乘F831至馬崗市民活動中心站；或從台北車站搭乘國光客運1811（經濱海公路）至馬崗站。

附近景點

卯澳漁港、福隆海水浴場、福隆海濱公園、三貂角燈塔。

旅行建議

建議可搭乘台鐵或公車至福隆車站，然後在車站附近租自行車騎舊草嶺隧道環狀自行車道（全長約20公里，騎乘時間約2小時），沿途遊覽舊草嶺隧道、石城服務區、四角窟觀景台、馬崗漁村、卯澳漁村、福隆海濱公園等景點。

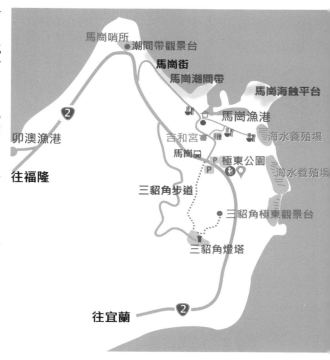

漁港的東側及西側的部分海蝕平台未遭破壞，是有名的馬崗潮間帶，綠藻非常豐盛；春天時，海蝕平台滿布綠油油的藻類。乾潮時，適合以步行方式近距離觀賞潮間帶生物。

三貂角燈塔：台灣本島極東的燈塔，設有三貂角極東觀景台，可以眺覽馬崗附近海岸風光；燈塔區設置希臘式涼亭、愛心裝置藝術及圓拱小教堂，充滿浪漫氛圍，成為情侶約會或拍攝婚紗照的景點。從台2線馬崗聚落入口出發，步行三貂角步道，大約30分鐘，即可抵達三貂角燈塔。亦可以開車直接抵達三貂角燈塔。

▲ 馬崗海蝕平台

▲ 三貂角燈塔

83

牡丹老街
寂寥礦村彩繪添新色 自行車道通車

牡丹車站鐵路彎道
牡丹老街彩繪風情

牡丹，舊稱「武丹坑」，源自凱達格蘭族語的音譯。日治初期，武丹坑發現豐富的金礦礦脈，在日本人木村久太郎經營下，武丹坑與瑞芳九份、金瓜石並稱為台灣三大礦山。後來因礦藏減少，陸續收坑，礦村也從繁榮轉為蕭條寂寥。

▲ 牡丹老街彩繪屋

▲ 牡丹老街

【景點 Highlight】

牡丹老街：礦業沒落後，牡丹老街靜謐冷清，平時僅有少數登山客及旅人造訪。近年來新北市政府推動淡蘭山徑健行旅遊，老街在地方文創工作者的努力下，設立「牡丹老街駐地工作站」，推動老街彩繪，美化環境，新設咖啡屋及餐館，漸漸吸引遊客造訪。

火車從屋頂過：在牡丹老街「雲水聚杯咖啡屋」店門口的街上，就可以看見火車從屋頂通過的景象，這是牡丹老街特殊有趣的畫面。

牡丹車站120度鐵軌彎道：牡丹車站設置於牡丹坡，因此設計了120度彎道的鐵軌，以減緩火車爬坡阻力，吸引鐵道迷前來此拍攝火車行駛彎道的畫面。

牡丹鄉間散步：牡丹附近有金字碑古道、貂山古道等登山健行路線，不想登山的遊客亦可以選擇沿著牡丹溪的鄉間小路散步，瀏覽鄉村田園風光。

舊三貂嶺隧道自行車道：舊三貂嶺隧道已規劃為全長約3.1公里的自行車道，預計於2022年通車，串連牡丹與猴硐之間的帶狀遊憩區，提供遊覽牡丹的新選擇。

▲ 牡丹老街火車從屋頂過

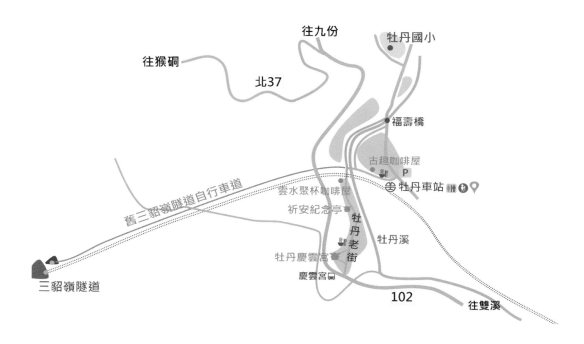

往九份
牡丹國小
往猴硐
北37
福壽橋
古趣咖啡屋 P
雲水聚杯咖啡屋
牡丹車站
舊三貂嶺隧道自行車道
祈安紀念亭
牡丹老街
牡丹溪
三貂嶺隧道
牡丹慶雲宮
慶雲宮
102
往雙溪

交通資訊

【自行開車】地圖衛星導航輸入「牡丹老街」即可抵達。牡丹車站前面設有小型停車場。

【大眾運輸】建議搭乘台鐵宜蘭線至牡丹車站。

附近景點

碩仁里魚寮社區、貂山古道、金字碑古道、雙溪老街。

旅行建議

建議可以租騎自行車，遊覽舊三貂嶺隧道自行車道及牡丹鄉間小路。

▲ 牡丹車站鐵軌彎道

▲ 牡丹溪

雙溪老街

老街巷弄漫步尋古厝 悠遊山城

山城雙溪低碳旅行樂
老街古厝低調展風華

雙溪地名的由來，係因牡丹溪與平林溪兩條溪流在此地匯流，因而得名，匯流後的河流就稱為「雙溪河」。雙溪地處叢山谷地，宛如世外桃源，老街步調緩慢悠閒，生活氛圍舒緩和祥，老街舊屋古巷，散發著濃郁的懷舊氛圍。

▲ 從南天宮眺望雙溪車站

【景點 Highlight】

雙溪南天宮：位於雙溪車站後方山丘，是俯瞰雙溪山城聚落的最佳位置。從廟前的石階步道下行，短短幾分鐘即抵達雙溪車站。

雙溪老街：雙溪信仰中心「三忠廟」前面的長安街，是雙溪歷史最悠久的老街。街底有渡船頭遺址，附近的雙溪河口，是牡丹溪、平林溪合流處，設有福匯亭及觀景平台。

▲ 雙溪百年打鐵舖

▲ 林益和藥房

交通資訊

【自行開車】
建議地圖衛星導航輸入「新北市雙溪區南天宮」，停車於南天宮廣場，步行約5分鐘即可抵達雙溪車站。

【大眾運輸】
搭乘台鐵宜蘭線至雙溪車站或搭乘公車780、781、782、1740至雙溪火車站。

附近景點

雙溪蝙蝠山、牡丹老街、貢寮老街。

旅行建議

雙溪車站旁設有雙溪低碳旅遊服務中心，提供自行車出租，遊客除了以步行漫步老街，穿梭巷弄，尋幽懷舊，亦可租騎自行車前往郊區的鄉間小路，體驗雙溪農村田園的風光。

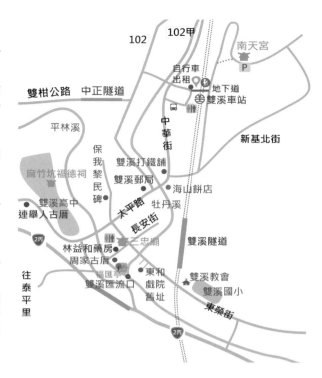

林益和藥房、周家古厝：長安街上的林益和堂中藥店創建於清同治十三年（1874），是有一百多年歷史的老藥舖。建築立面是日治時期西式洋樓建築風格，色彩鮮而不艷，典雅優美。鄰旁的周家古厝，石砌的側牆、西式的紅磚屋窗，以及閩南式的屋頂，是雙溪名人周步蟾的故居，也是老街最著名的古厝。

保我黎民碑：又稱「橫澤次郎紀念碑」，為歷史古蹟。從雙溪公有零售市場附近的雙溪公園牌樓進入，步行約數十公尺即可看見鑲嵌於道路左側山壁的這塊紀念碑。石碑立於1907年，由當地鄉紳聯名鐫刻，頌揚當時基隆廳長橫澤次郎對雙溪發展的貢獻。

▲ 周家古厝

▲ 牡丹溪、平林溪合流處

87

柑腳，舊稱「柑腳坑」，又稱「柑腳城」，位於柑腳溪南岸的山麓。柑腳溪、崩山坑溪分別從外圍流來，交會於柑腳，柑腳後有山嶺，前臨懸崖，又有溪流圍繞，宛如天然屏障的城寨，因此被稱「柑腳城」。柑腳為農業聚落，後因開採煤礦而繁榮一時。

▲ 柑林威惠廟

▲ 柑腳社區

【景點 *Highlight*】

柑林威惠廟：此廟創建於清同治七年（1868），主祀開漳聖王，說明了柑腳是以閩南漳州移民為主的聚落。廟已改建過，但仍保存不少舊跡，神龕前的石香刻有「同治己巳年」（1869）、廟的牆堵、舊石獅，刻有「同治戊辰年」（1868），見證了這座廟的歷史。

柑腳聚落：威惠廟附近是柑腳聚落所在地，柑腳福德宮、柑林派出所、柑林國小都集中於此。廟前開闊的廣場是昔日茶商收購茶葉之處。

泰發炭窯：柑腳坑曾是繁榮的礦村聚落，泰發煤礦是當地規模最大的礦場，早期利用焦炭窯煉製焦炭，以提供做為高爐冶煉的燃料。泰發炭窯有一長排的窯洞，左右各有22扇窯門，以石塊砌起的圓拱形窯洞，以高溫煉製焦炭。採礦結束後，焦炭窯荒廢，近年來政府觀光部門重新整治維護，以保存地方產業歷史記憶。從威惠廟旁的石階步道下行，經過泰發人行橋，步行約0.5公里，即可抵達泰發炭窯。續行鄉間小路，經過太發橋、土地公山橋，即可繞回柑腳社區。

▲ 柑腳溪宛如柑腳坑的護城河

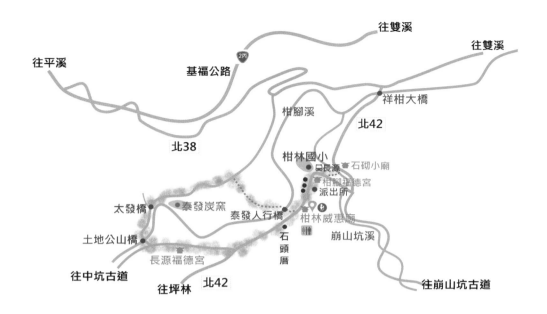

往雙溪
往雙溪
往平溪
基福公路
2丙
祥柑大橋
柑腳溪
北42
北38
柑林國小
石砌小廟
長源
柑腳福德宮
派出所
太發橋
泰發炭窯
柑林威惠廟
泰發人行橋
崩山坑溪
土地公山橋
石頭厝
長源福德宮
往中坑古道
往崩山坑古道
往坪林
北42

交通資訊

【自行開車】地圖衛星導航輸入「柑林威惠廟」即可抵達目的地。廟前廣場空地可停車。

【大眾運輸】搭乘台鐵至雙溪車站，轉乘國光巴士780、781、782至長源站。

附近景點

中坑古道、崩山坑古道、雙溪荷花園、軟橋段親水公園、雙溪老街。

旅行建議

順道遊覽雙溪老街。柑腳社區與雙溪市區的雙柑公路（台2丙線）沿途亦有不少景點，例如：雙溪荷花園、后番子坑生態工法教學園區、軟橋段親水公園、樹中生竹、茶花園等景點，也有田園咖啡屋、三合院古厝，可隨個人興趣停留遊憩。

▲ 泰發人行橋

▲ 泰發炭窯

坪溪古道
令人驚艷的平緩溪流 最佳戲水點

坪溪古道健行森林浴
觀景平台眺望龜山島

　　坪溪古道位於「坪溪頭」，意指「坪溪的上游」，屬於淡蘭古道坪溪段，長約1.5公里，為平緩寬闊的土石路，沿途經過柳杉造林區，須兩次越溪。步行約40分鐘即可走到終點的觀景台。

▲ 坪溪古道

▲ 坪溪古道入口的小拱橋

【景點 *Highlight*】

坪溪：因河床平坦，水流平緩而得名。古道途中有一段坪溪的溪谷，河床平坦，像一條平整的水路，可以輕鬆漫步在溪水中。坪溪古道途中第二座小木橋旁邊，有一條小徑，由此進入，即可進入坪溪最平緩的河段。雨量少，水淺時，甚至可以溪為床，仰躺在溪中，享受清涼的天然SPA。

柳杉森林：日治時期，坪溪古道曾經進行伐林事業，為運送木材而拓寬古道為林道，亦曾鋪設輕便鐵軌，伐林結束後，進行柳杉造林，如今已成翁鬱的杉木森林景觀。

▲ 坪溪

▲ 坪溪古道柳杉林

交通資訊

【自行開車】

地圖衛星導航輸入「新北市雙溪區烏山62號」，即為坪溪古道入口。民宅前的空地設有收費停車場。

【大眾運輸】

從雙溪火車站搭乘F815巴士至坪溪頭站（一天僅有四班，留意班次時間），再步行約1.5公里（約30～40分鐘）至烏山62號民宅。

附近景點

灣潭古道、虎豹潭、虎豹潭古道。

旅行建議

一般遊客建議步行至觀景台後原路折返。坪溪古道最大特色是河床平坦的坪溪，建議涉溪步行一段，體驗坪溪此一特色。最佳涉水河段是第 2 座與第 1 座小木橋之間的河段。但雨後水漲時，勿涉溪步行，以免危險。

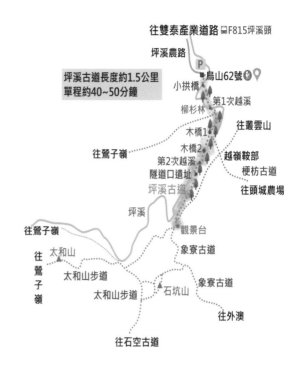

坪溪越溪處： 坪溪古道沿途須兩次越溪，可以踩石涉溪而過。雨後水漲時，建議脫鞋或穿著雨鞋渡溪。兩個越溪地點的溪谷都是戲水或休憩佳處。坪溪水淺時，亦可採溯溪方式，直接從第一處越溪地點以溯溪方式走往第二處越溪地點，再銜接坪溪古道。

觀景台： 全坪溪古道1.5公里處的越嶺高處，有一隅視野，可以眺望龜山島海景。後續直行的山路進入宜蘭縣頭城鎮，續往石空古道及太和山，另有左岔路銜接象寮古道，通往宜蘭外澳及頭城農場，都屬於淡蘭山徑的登山路線。一般遊客建議以觀景台為折返點。

91

▲ 坪溪古道第二次越溪處

▲ 坪溪平坦水淺，適合溯溪而行

灣潭

灣潭溪 灣潭古道 夢潭

灣潭古道灣潭好風景
烏山夢潭碧水映綠巒

　　灣潭，位於新北市雙溪區偏遠的山區，烏山路的終點。因灣潭溪曲流，形成深潭，潭形如月彎，因此稱為「灣潭」。灣潭只有少數人家，每天僅有四班巴士往返雙溪車站，遺世獨立於雙溪偏遠山區。

▲ 灣潭古道

▲ 灣潭福德廟

【景點 *Highlight*】

灣潭古道：灣潭古道長約4公里，從灣潭通往坪林、雙溪交界的三水潭（舊稱「雙水潭」），單程約需2小時。灣潭古道前段 1 公里，已鋪石板步道，適合大眾健行。一般悠遊，建議走至古道途中烏山19號古厝附近的夢潭，路程約1小時，然後原路折返。沿途有灣潭有應公廟、小瀑布及灣潭溪風光。

▲ 灣潭溪

灣潭溪：灣潭溪是北勢溪的上游支流。灣潭古道沿著灣潭溪而行，古道前段緊臨灣潭溪，有小徑可通往溪谷，溪岸有適宜親水的空間，聽流水淙淙與森林蟲鳴，宛如身處世外桃源。

灣潭福德廟：位於灣潭公車站旁，是往灣潭古道的入口，也是地方信仰中心，廟前的拜亭棚子內設有座椅，是遊客休憩佳處。附近有傳統的石頭厝，假日時，農家也會在廟旁設攤販售現摘的農產品。

夢潭：夢潭位於灣潭古道中途烏山19號附近的北勢溪溪谷，因溪水彎流而形成的水潭，附近河岸原本有層層梯田草原，廢耕之後，草原美景已經消失。

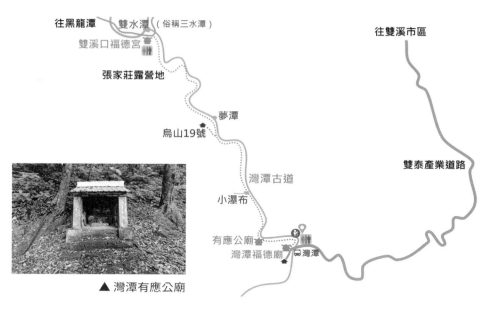

往黑龍潭　雙水潭（俗稱三水潭）

雙溪口福德宮

張家莊露營地

往雙溪市區

夢潭

烏山19號

雙泰產業道路

灣潭古道

小瀑布

有應公廟

灣潭福德廟　灣潭

▲ 灣潭有應公廟

交通資訊

【自行開車】地圖衛星導航輸入「新北市雙溪區灣潭（新巴士）」，即可抵達F815巴士灣潭站（灣潭福德廟旁），路旁有空地可停車。

【大眾運輸】從雙溪火車站搭乘新北市免費社區巴士F815（雙溪—灣潭）至灣潭（終點站），每日僅四班次 06:10、09:40、13:00、15:30（請查詢最新時刻表）。

附近景點

坪溪古道、北勢溪古道。

旅行建議

灣潭古道路程時間參考：灣潭福德廟→60分鐘→夢潭→60分鐘→雙溪口福德宮。古道前1公里路段，老少咸宜；一般遊客建議走至夢潭附近折返。

▲ 灣潭古道小瀑布

▲ 夢潭

十分老街
平溪線鐵道特殊風景 火車門前過

龍興宮平溪天燈故鄉
十分大瀑布遠近馳名

　　十分舊稱「十份寮」，相傳清朝乾隆年間，泉州人胡姓率十人到此開墾，以煮樟腦及種植大青為業，因為十人為一股，故名「十份寮」。另一個說法則與煮樟腦的灶有關，每十灶為一份，共有十份，因此稱為「十份」。日治時代因開採煤礦而成為熱鬧的礦村。

▲ 十分老街

▲ 十分寮龍興宮

【景點 *Highlight*】

十分寮龍興宮：龍興宮，又稱「四府王爺廟」，創建於清朝咸豐五年（1855），是來自福建泉州惠安的胡姓移民所創建的廟宇。胡姓家族也從家鄉帶來施放天燈祈福的風俗。每年農曆春節期間會在龍興宮廟前廣場施放天燈祈福，成為著名「平溪天燈」的起源。

十分老街：十分老街是十分車站附近沿著鐵道兩側發展出來的街市，形成鐵道與民宅緊緊相依，沒有柵欄隔離，火車就從家門前經過的特殊景觀。礦業沒落後，老街變為蕭條。近年來因平溪天燈節打響名號，平溪線觀光鐵道蓬勃發展，老街人潮再現。

▲ 十分車站

▲ 靜安吊橋

交通資訊

【自行開車】

地圖衛星導航輸入「新平溪煤礦卸煤場」，其旁為「老街停車場」。

【大眾運輸】

搭乘平溪深澳線至十分車站；或搭乘公車795（台灣好行木柵平溪線）至南山社區或十分寮橋站。

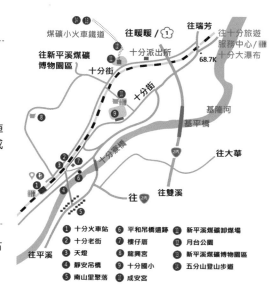

往暖暖 / 往瑞芳
煤礦小火車鐵道
往十分旅遊服務中心 / 十分大瀑布
往新平溪煤礦博物園區
十分派出所
十分街
68.7K
十分街
基隆河
基平橋
往大華
往平溪
平和吊橋遺跡
往 往雙溪

1 十分火車站
2 十分老街
3 天燈
4 靜安吊橋
5 南山里聚落
6 平和吊橋遺跡
7 樓仔厝
8 龍興宮
9 十分國小
10 成安宮
11 新平溪煤礦卸煤場
12 月台公園
13 新平溪煤礦博物園區
14 五分山登山步道

附近景點

新平溪煤礦博物園區、五分山步道、十分古道、平溪線各站附近景點。

旅行建議

購買平溪線一日周遊券，遊覽平溪線沿途各站景點。亦可從十分老街附近的新平溪煤礦卸煤場購票前往月台公園，搭乘台車前往新平溪煤礦博物園區。新平溪煤礦的「獨眼小僧」台車，是台灣最早的電氣化小火車頭，也是唯一仍在行駛的礦場小火車。

靜安吊橋：靜安吊橋建於1947年，由工礦公司所屬的十分礦場建造，做為運煤之用，台車往來於吊橋之上。1962年礦場結束經營後，這座吊橋仍然提供當地居民使用。後來經過整建、美化，而成為一座觀光吊橋，就座落於十分車站附近的基隆河溪谷。

十分瀑布：台灣最大的簾幕式瀑布，基隆河河道在月桃寮附近因為近90度的轉彎，形成寬闊的深潭，流至此處，河床整塊垂直陷落，河水直落而下，形成寬闊壯觀的簾幕式瀑布，有「台灣尼加拉瓜瀑布」的美譽。從十分遊客中心經由四廣潭吊橋，步行約15分鐘，經過觀瀑吊橋後，即抵達十分瀑布園區。

▲ 鐵道橋、觀瀑吊橋

▲ 十分瀑布

石碇子古道
古道途中的桃花源之境 石碇子瀑布

石碇子古道尋幽訪瀑
灰窯溪瀑布親近怡人

　　石碇子，位於基隆河支流灰窯溪上游一帶。由於灰窯溪河床的岩質富含石灰質，長期歷經河水侵蝕，形成壺穴地形，河床多坑洞，居民稱為「石碇仔」，成為地名的由來。

▲ 石碇子瀑布

【景點 *Highlight*】

石碇子古道：古道入口位於碇子產業道路的終點，越嶺通往雙溪的內盤山坑。古道原為冷清山徑，近年來探訪淡蘭山徑蔚為風潮，石碇子古道經過整修，路況變為良好。古道沿途有慶和煤礦的礦區遺跡及小瀑布，步行約半個小時，抵達石碇子瀑布。續步行半個小時，過小水橋後，抵達古老石砌土地公廟——瑞興宮。建議走至瑞興宮，然後原路折返。

▲ 石碇子古道小水泥橋

▲ 灰窯瀑布

交通資訊

【自行開車】

地圖衛星導航輸入「新北市平溪區石硿子」，即可抵達目的地（石硿子古道入口）。

【大眾運輸】

無直達公車。搭乘公車795、846至圳口站，步行石硿子產業道路約2.2公里（50～60分鐘）至灰窯瀑布；續行約500公尺至石硿子古道入口。

附近景點

慶和煤礦事務所及礦坑遺跡、望古賞瀑步道、嶺腳瀑布。

旅行建議

石硿子古道路程時間如下：古道入口→30分鐘→石硿子瀑布→30分鐘→瑞興宮，單程約2公里，來回旅行時間約2～2.5小時。石硿子古道為泥土山徑，雨後較濕滑，請注意安全。

▲ 瑞興宮

灰窯瀑布：座落於石硿子產業道路旁的溪谷中。從馬路旁的石階步道下行約1、2分鐘，即抵達瀑布下的溪谷。灰窯瀑布的知名度及規模不如平溪著名的十分大瀑布、嶺腳石窟大瀑布，地點較偏僻，無公車直接抵達，更像是一處桃花源。

灰窯福德宮：位於灰窯橋附近岔路口，名為「福興宮」，又稱「灰窯福德宮」，是一座百年歷史的石砌土地公廟。此地有石灰礦藏，早期山區農民種植大菁，製造藍靛染料，過程需要使用大量石灰，因此在此地開採礦石，設窯生產石灰，因而有「灰窯」的地名。

▲ 灰窯瀑布下游的小瀑布及水潭

▲ 灰窯福德宮

97

番子坑古道

番子坑古道 火燒寮溪 茶園風光

番子坑古道番喜橋
小橋流水茶園風光

　　番子坑，亦寫為「番仔坑」，位於東勢格紫東社區的火燒寮溪流域，早期為原住民的居住地，漢人稱為「番子坑」。聚落居民大多務農，山坡多開墾為茶園。

▲ 歡喜坑亭（番子坑古道入口停車場）

▲ 番子坑「小九份」

【景點 *Highlight*】

番子坑小九份：位於番子坑農路約1.9公里處的龍合橋旁，兩棟荒廢的紅磚古房，本地人稱為「小九份」，曾是兩家雜貨店，提供附近礦場礦工的生活用品之需，礦場結束後，雜貨店亦歇業，房屋荒廢。附近約200公尺的路旁，還可看見鴻福煤礦坑新坑及礦坑口湧出的泉水形成的小瀑布。

▲ 番子坑古道入口──歡喜橋

番子坑古道：入口位於龍合橋旁的停車場，有一座歡喜亭及歡喜橋，過歡喜橋後即進入番子坑古道口。古道沿著火燒寮溪的溪岸往上游方向，途中須越過溪谷及一座小水泥橋，然後爬向山坡茶園，經過農圃，抵達荒廢的周家石頭厝；然後過小木橋，遇岔路，取左行，至番子坑16號民宅。續行經過番子坑17號，抵達鷹村橋後，銜接番子坑農路，再步行農路即可繞回到龍合橋。

番子坑古步道：從番子坑古道的小木橋岔路口取右行，續有山徑沿著小溪澗往上游方向，這也是昔日番子坑古道的一段，沿途有林家古厝及雞寮遺址、茶園、林通古厝。建議步行至林通古厝，然後原路折返。

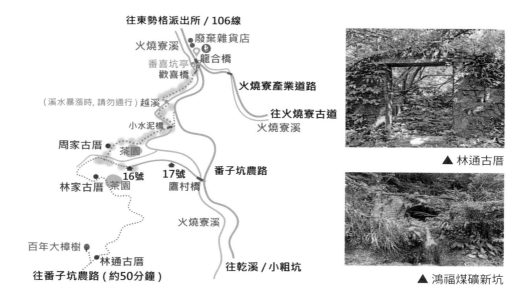

往東勢格派出所 / 106線
廢棄雜貨店
火燒寮溪
番喜坑亭　龍合橋
歡喜橋
火燒寮產業道路
（溪水暴漲時，請勿通行）越溪
往火燒寮古道
小水泥橋
火燒寮溪
周家古厝　茶園
16號　17號　番子坑農路
林家古厝　茶園　鷹村橋
火燒寮溪
百年大樟樹
林通古厝
往番子坑農路（約50分鐘）　往乾溪 / 小粗坑

▲ 林通古厝

▲ 鴻福煤礦新坑

交通資訊

【自行開車】地圖衛星導航輸入「新北市平溪區番子坑農路」，經過龍合橋時，即可看見右側的番喜坑亭及古道入口停車場。

【大眾運輸】從平溪搭乘F822（東勢線）至番子坑站（火燒寮），每週一、三、六行駛，但每天僅有兩班公車。

附近景點

火燒寮古道、平溪區農會生態教育會館、東勢格派出所古橋、竿蓁坑古道。

旅行建議

順道遊覽東勢格派出所前的古橋。東勢格派出所原為日治時代的警察官吏駐在所，派出所前的東勢橋，橋頭刻有「昭和十一年」（1936）的建橋年代。

▲ 番子坑古道

▲ 番子坑古道小橋跨越火燒寮溪

平溪老街
平溪線鐵道最繁榮的聚落 石底老街

石底老街觀音巖步道
訪公園頂歷史建築群

　　平溪，舊稱「石底」，意指曝露於河底的石頭。由於流經本地的基隆河已接近源頭，水量較少，河床石頭因此曝露而得名。石底附近地勢較平坦，水流平緩，而被稱為「平溪仔」。

▲ 平溪聚落

▲ 平溪老街（石底老街）

【景點 *Highlight*】

平溪老街：又稱「石底老街」，日治時代發現煤礦，修築鐵路，運輸煤礦，因而形成繁榮的礦業聚落。採礦結束後，人口外流，聚落寂寥，近年來因平溪線觀光的發展，逐漸恢復繁榮。老街十字路口是最熱鬧的區域，新店舊店雜然，平溪線鐵道高架橋梁就從老街十字路口通過，遊客可以近距離觀賞到火車從屋頂通過的特殊景象。

▲ 觀音巖

觀音巖：位於平溪老街十字路口附近的山腰。觀音巖廟宇樸實，主祀觀音菩薩，祀奉整塊石頭雕刻的石觀音是主要特色。觀音巖居高臨下，可以俯瞰平溪聚落。觀音巖附近有日治時代防空洞、平安鐘、八仙洞、頌德碑、昭和平石老橋等歷史人文遺跡，被登錄為「平溪區公園頂歷史建築群」。

觀音巖環山步道：環繞觀音巖這座小山，以報鐘亭（平安鐘）為中心，共有三個出入口，分別在觀音巖、觀音巖吊橋、平溪區公所，從觀音巖出發，步行約5分鐘即可抵達報鐘亭。環繞一圈，約半小時。

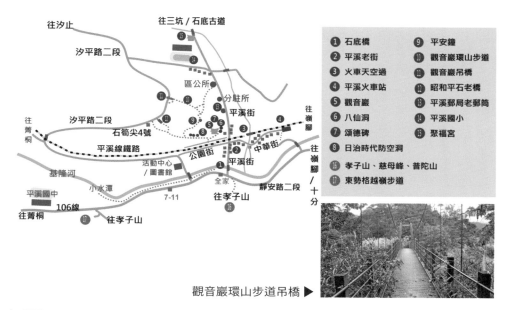

❶	石底橋	❾	平安鐘
❷	平溪老街	❿	觀音巖環山步道
❸	火車天空過	⓫	觀音巖吊橋
❹	平溪火車站	⓬	昭和平石老橋
❺	觀音巖	⓭	平溪郵局老郵筒
❻	八仙洞	⓮	平溪國小
❼	頌德碑	⓯	聚福宮
❽	日治時代防空洞		
⓰	孝子山、慈母峰、普陀山		
⓱	東勢格越嶺步道		

觀音巖環山步道吊橋 ▶

交通資訊

【自行開車】平溪老街無公共停車場，建議地圖衛星導航輸入「平溪國中」或「平溪國小」，學校旁有空地可停車。

【大眾運輸】搭乘台鐵平溪深澳線至平溪車站；或搭乘公車795台灣好行木柵平溪線、846至平溪站。

附近景點

孝子山步道、東勢格越嶺步道、菁桐老街、嶺腳瀑布。

旅行建議

平溪老街的範圍不大，建議可以參考地圖所列，一一造訪老街附近景點。平溪著名的孝子山登山口就在平溪老街入口的石底橋斜對面，亦值得造訪，不過登頂須攀爬陡峭岩階，要特別注意安全。

▲ 八仙洞（觀音巖旁）

▲ 觀音巖環山步道平安鐘

菁桐老街
平溪礦業風華的代表 石底大斜坑

石底礦區礦業遺跡
菁桐老街日式風華

　　菁桐，舊稱「菁桐坑」，因早期此地多野生菁桐樹而得名，原本是人口稀少的散村型態農業聚落。日治時代開採煤礦，菁桐坑成為繁榮的礦業聚落。採礦結束後，小鎮寂寥，近年來以礦業聚落人文風華吸引遊客造訪，而成為平溪線著名的觀光景點之一。

▲ 菁桐老街

▲ 菁桐車站

【景點 *Highlight*】

菁桐老街：以菁桐車站為中心而發展起來的菁桐街，近年來因平溪線觀光的發展而恢復榮景。菁桐車站建造於昭和四年（1929），木造結構、黑瓦屋頂的日式車站，為新北市市定古蹟，也是平溪線最美麗的車站。

石底煤礦：是台灣開採最久，產量最豐的煤礦。石底大斜坑坑道深入地下1公里，南北總長約5公里，寬約1.5公里，坑口石柱刻有「昭和十二年三月起工」（1937）。石底煤礦礦區現已成立煤礦博物園區，保存了昔日礦場的遺跡，以供遊客懷想。

▲ 石底大斜坑

▲ 選洗煤場

交通資訊

【自行開車】
地圖衛星導航輸入「菁桐天燈館」，附近平菁橋頭旁有收費停車場；或輸入「菁桐日式宿舍群」，附近路旁空地可停車。

【大眾運輸】
搭乘台鐵平溪深澳線至菁桐車站；或搭乘公車795台灣好行木柵平溪線、846至菁桐坑站。

附近景點

薯榔尖登山步道、菁桐古道、石筍尖登山步道、平溪線觀光列車沿途各站景點。

旅行建議

購買平溪線一日周遊券，可以遊覽平溪線沿途各站景點。菁桐擁有豐富的礦業人文遺跡，建議依循地圖尋訪菁桐坑的各個景點。

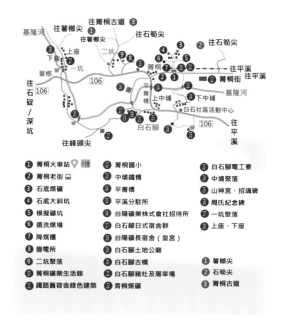

① 菁桐火車站
② 菁桐老街
③ 石底煤礦
④ 石底大斜坑
⑤ 模擬礦坑
⑥ 選洗煤場
⑦ 降煤場
⑧ 變電所
⑨ 二坑聚落
⑩ 菁桐礦業生活館
⑪ 鐵路舊宿舍綠色建築
⑫ 菁桐國小
⑬ 中埔鐵橋
⑭ 平菁橋
⑮ 平溪分駐所
⑯ 台陽礦業株式會社招待所
⑰ 白石腳日式宿舍群
⑱ 台陽礦長宿舍（皇宮）
⑲ 白石腳土地公廟
⑳ 白石腳古橋
㉑ 白石腳豬灶及屠宰場
㉒ 菁桐煤礦
㉓ 白石腳電工寮
㉔ 中埔聚落
㉕ 山神宮、招魂碑
㉖ 周氏紀念碑
㉗ 一坑聚落
㉘ 上座、下座
① 薯榔尖
② 石筍尖
③ 菁桐古道

選洗煤場： 位於菁桐火車站旁的山坡上，高挑的紅磚建築物，是菁桐醒目的地標，曾獲選為台灣百大歷史建築之一。礦區開採的煤炭，經過選洗煤場篩選、水洗，分離出石塊、屑粉及煤塊，再將選洗出來的煤塊運送販售。

台陽礦業株式會社招待所： 建造於1939年，佔地600餘坪，其中建坪202坪，建築恢宏典雅，是台灣現存日式木造房屋中最具特色的建築之一，為新北市市定古蹟。附近的白石腳日式宿舍群，是建造於1925～1940年間的礦場員工宿舍，採日本和式木構造建築，其中的礦長宿舍，被暱稱為「皇宮」。

▲ 台陽礦業株式會社招待所

▲ 白石腳日式宿舍「皇宮」

十三份白匏湖
白雲派出所 王宅石頭屋 白匏湖

歷史建築白雲派出所
十三份庄王宅石頭屋

　　十三份的地名，或說起源於早期當地曾經伐樟製造樟腦，設有腦灶，共十三股份；或說有十三戶集體入墾，因而得名。昔日設有十三份庄，現在隸屬於汐止白雲里。

▲ 白雲派出所

▲ 白匏湖

【景點 *Highlight*】

白雲派出所：佔地三百坪，原為1920年創設的「十三分出張所」，已有百年歷史，現為新北市歷史建築，是十三份知名的歷史景點。其旁的汐止森林小學，原為白雲國小，因山區人口減少而裁撤，現在成為私人經營的森林小學校。

十三份王宅石頭屋：位於汐碇路380巷內，有數棟石頭屋，其中一棟石砌屋牆古樸典雅，是十三份著名的古厝。380巷內的這個聚落也是昔日十三份庄庄役場所在地。

▲ 白雲派出所（歷史建築）

▲ 十三份王宅石頭屋

交通資訊

【自行開車】

地圖衛星導航輸入「新北市汐止區森林小學」，即可抵達目的地，路旁有空地停車。

【大眾運輸】

從汐止車站搭乘F903巴士至森林小學站或搭乘F901巴士至汐碇路石頭公站。

附近景點

鹿窟光明寺、白雲古道、康誥坑溪櫻花大道。

旅行建議

汐碇路往白匏湖的山徑，請勿於雨後行走，行走時請注意安全。汐碇路為汐止賞櫻公路，櫻花季時，可沿著公路健行散步，兼賞櫻花美景。

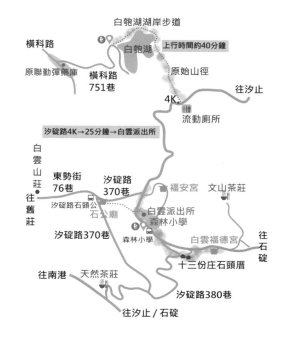

白匏湖：白匏湖是汐止地區僅次於金龍湖的第二大湖，由於長期處於軍事管制區，知名度不高，而成為登山客口耳相傳的一處祕境。聯勤彈藥庫遷移之後，白匏湖才解除管制。從汐碇路公路里程4公里的山徑往下走，大約20分鐘即可抵達白匏湖，雖路徑清楚，不過並非正式步道，沿途應留意路況，注意安全。

另外亦可從汐止橫科路前往白匏湖，開車或騎車可以直接抵達白匏湖湖畔。

▲ 汐止汐科路通往白匏湖，原為軍事管制區，現在已開放通行。

▲ 白匏湖步道

▲ 白匏湖

康誥坑
汐止賞櫻熱門景點 水源路白雲古道

康誥坑櫻花大道賞櫻
白雲里登山步道賞桐

　　康誥坑地處山區溪谷，地名的起源於每遇雨季，溪流滾滾，造成溪底河床石頭互相撞擊，發生碰撞聲音，因而稱為「嗊砺坑」。嗊砺是指「激流推動石塊，石頭互撞之聲」，後來書寫為「康誥坑」。康誥坑屬於汐止區白雲里，聚落主要沿著康誥坑溪而呈帶狀分布。

▲ 康誥坑溪櫻花大道

【景點 Highlight】

康誥坑溪櫻花大道：位於康誥坑溪下游水岸，種植約二、三百棵台灣山櫻花，每年2、3月之間盛開。從附近的台鐵汐科站步行約10分鐘即可抵達櫻花大道入口。

白雲登山步道：步道入口位於水源路二段122巷內的社區籃球場旁。步道長約300公尺，每年4、5月桐花盛開時，是汐止熱門賞桐路線之一。

汐止水道布設紀念碑：位於白雲淨水廠上游的康誥坑溪溪谷，紀念日治時代1928年汐止自來水水道完工。

▲ 康誥坑溪櫻花大道

▲ 白雲登山步道

交通資訊

【自行開車】

地圖衛星導航輸入「新北市汐止區櫻花大道」，即可抵達康誥坑櫻花大道。或導航輸入「白雲居茶苑」，即可抵達白雲古道入口（汐止區水源路二段424號）。

【大眾運輸】

搭乘台鐵縱貫線至汐科站；或搭乘公車589、675、678、823、907、951、1031、藍15至連興街口站。

附近景點

汐止老街、忠順廟（原汐止神社）、大尖山登山步道（汐止五指山風景區）。

旅行建議

康誥坑附近缺乏停車空間，建議導航至台五路「東科大樓停車場」，步行約600公尺至櫻花大道入口。或搭乘台鐵至汐科站（北口），步行約10分鐘即抵達櫻花大道。

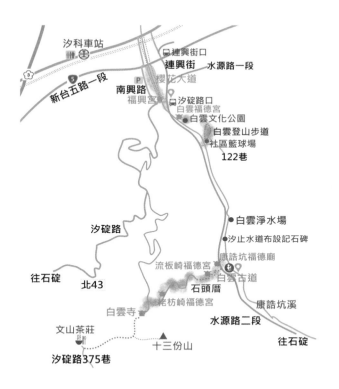

白雲古道： 入口位於汐止水源路二段424號白雲居茶苑舊址旁，是昔日康誥坑庄通往十三份庄的道路，又稱「白雲古道」，現存古道僅長500公尺，途經流板崎。根據耆老的說法，當時居民在山上採伐樟腦，由於坡陡，運送不便，於是採用流滾下來的方式，所以這地方被稱為「流板崎」。白雲古道也稱「流板崎古道」。古道沿途經過流板崎福德宮、栳枋崎福德宮，約步行40～50分鐘，抵達白雲寺。白雲寺創建於1921年，最初是齋堂，後來才改為佛寺，閩南三合院的格局，為石塊平砌式石頭厝，簡單素雅，是本地著名佛寺。

▲ 汐止水道布設紀念碑，就位於溪谷的石頭上。

▲ 白雲古道

石碇老街
特殊吊腳樓暗街不見天 百年石頭厝

石碇老街暗不見天
吊腳樓房與河爭地

石碇地名起源，有不同的說法，但都與石碇的溪流中有許多巨石有關。石碇聚落主要的街道為石碇西街與石碇東街。石碇西街是石碇最早形成的聚落，早期種植大菁，製造藍靛，西街染布業發達。後來茶業興盛，帶動石碇西街的繁榮。位於西街的集順廟成為聚落的信仰中心。

▲ 石碇東街百年石屋

▲ 石碇西街

【景點 Highlight】

石碇老街： 礦業興起之後，西碇市街的發展重心移往石碇東街，主要的商店多集中於東街，現在俗稱的「石碇老街」，就是指石碇東街。「石碇之心」廣場是石碇老街的入口，由此進入石碇東街著名的「不見天街」。石碇東街由於腹地狹窄，因此並無街道，而是以街道兩旁房屋一樓內縮的「亭仔腳」做為通道。「亭仔腳」受屋梁遮蔽，即使白天也暗無天日，被稱為「暗街」，是石碇東街最獨特的景觀。

▲ 石碇老街吊腳樓

百年石頭厝： 石碇東街53、55號的百年石頭厝，屋內有開鑿岩壁的小型防空洞，屋後上方有一座依山而建的小後花園，樹根盤纏石門，古樸典雅，是石碇東街保存最完整的古厝。

吊腳樓： 石碇老街腹地有限，瀕臨溪流的房屋與河爭地，許多房子突出河岸，而以一根根石柱支撐房子，因而被稱為「吊腳樓」，也是老街獨特的景觀之一。

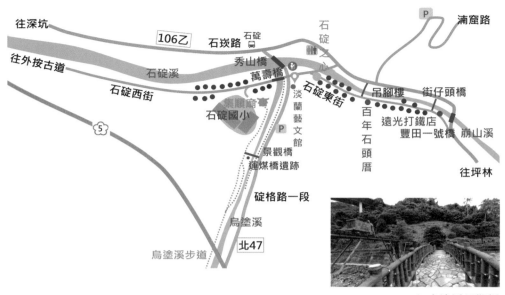

▲ 烏塗溪景觀橋

交通資訊

【自行開車】地圖衛星導航輸入「石碇東街」，即可導航至石碇老街。烏塗溪旁的碇格路一段路旁設有停車格。

【大眾運輸】搭乘公車666、819副線至石碇站。

附近景點

外按古道、烏塗溪步道、深坑老街。

旅行建議

遊逛石碇老街，品嚐石碇豆腐美食。老街附近也有兩條步道，一條是外按古道（淡蘭古道石碇段），位於石碇西街；另外一條是烏塗溪步道，兩條步道都平緩好走，很適合闔家出遊的郊遊路線。

▲ 石碇老街鄰旁的烏塗溪

▲ 烏塗溪步道

玉桂嶺峰頭聚落

藤寮坑溪 古拱橋 玉桂嶺大峭壁

普渡長生橋古樸美麗
玉桂嶺峭壁巨大壯觀

　　玉桂嶺的地名，據說源自附近山嶺生長許多肉桂樹，而被稱為「肉桂嶺」，後改名為「玉桂嶺」，清代設有玉桂嶺庄。峰頭是庄內主要的聚落，位於「平溪三尖」之一的峰頭尖南邊，附近有著名的玉桂嶺大峭壁及一座典雅的石拱古橋。

▲ 普渡長生橋

▲ 峰頭福德宮（玉桂嶺一號橋）

【景點 Highlight】

普渡長生橋：從玉桂嶺一號橋附近的岔路口，開車或步行玉桂嶺路約0.7公里，即可看見玉桂嶺路右側路旁的溪谷有一座古樸的石砌石拱橋，跨越藤寮坑溪。這座石拱橋是普渡長生橋，是昔日峰頭保甲路必經之橋，早期名為「福慶橋」，民國42年重修，更名「普渡長生橋」。橋頭旁有「普渡長生橋」及「福慶橋」捐修古碑。普渡長生橋附近為賞螢景點。過橋後的保甲路古道沿溪行，

▲ 玉桂嶺大峭壁

通往峰頭7號民宅，但路徑已荒蕪，建議勿貿然行走。

玉桂嶺大峭壁：從玉桂嶺一號橋的峰頭福德宮出發，步行南勢坑路4、500公尺，即可望見溪谷對岸矗起的大峭壁。據說這是台北盆地最大的砂岩峭壁，岩壁長約100多公尺，壁面有造山運動推擠形成的皺摺紋路，岩壁也有無數如彈孔的天然小凹洞。續行約300公尺，即抵達玉桂嶺二號橋。橋旁亦有一間福德宮，是玉桂嶺二號橋頭福德宮，古廟已改建，廟內仍保存有一塊日治時代大正八年（1919）的古碑。

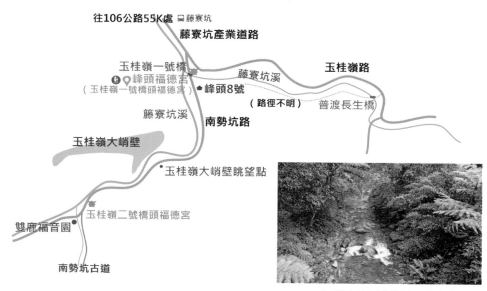

往106公路55K處　🚌藤寮坑

藤寮坑產業道路

玉桂嶺一號橋
🏠📍峰頭福德宮　　藤寮坑溪　　**玉桂嶺路**
（玉桂嶺一號橋頭福德宮）　◆峰頭8號
藤寮坑溪　　　　　　（路徑不明）　　普渡長生橋
南勢坑路

玉桂嶺大峭壁

●玉桂嶺大峭壁眺望點

🏠玉桂嶺二號橋頭福德宮
雙鹿福音園●

南勢坑古道

▲ 藤寮坑溪（普渡長生橋橋下）

交通資訊

【自行開車】地圖衛星導航輸入「普渡長生橋」，即可導航至該地點；或輸入「玉桂嶺一號橋頭福德宮」，導航至峰頭聚落。

【大眾運輸】無公車直接抵達。從捷運木柵站搭乘795公車至藤寮坑站，步行藤寮坑產業道路至峰頭，再接玉桂嶺路至普渡長生橋（須步行2.8公里，約 1 小時）。

附近景點

南勢坑古道、石碇姑娘廟、蚯蚓坑峽谷、菁桐老街。

旅行建議

玉桂嶺二號橋旁的一條小土石路，通往南勢坑，為昔日的南勢坑古道。寬闊的古道沿著藤寮坑溪支流的溪岸上行，平緩好走，風景優美。古道可越嶺至坪林的大粗坑，不過後段山徑難行。小村悠遊散步，建議步行土石路約20分鐘至途中的一座姑娘廟，然後原路折返。

▲ 福德宮（玉桂嶺二號橋）

▲ 南勢坑古道入口

摸乳巷古道

饒富趣味的地名 四戶公家一家牛

摸乳巷牧童古道尋幽
烏塗溪步道逍遊漫遊

　　石碇摸乳巷的地名由來饒富趣味。早期由於烏塗溪溪岸道路狹窄，貼近山壁，山壁有凸起的兩塊石頭，形狀有如女人的乳房。農夫挑運農產品經過這裡時，須一隻手扶著扁擔，另一隻手抓住山壁凸起的石塊，以保持平衡，避免失足，因此被戲稱為「摸乳巷」，而成為地名。

▲ 摸乳巷7號（福田居祖厝）

▲ 摸乳巷古道

【景點 *Highlight*】

摸乳巷古道：又稱「牧童古道」，源自「四戶公家一家牛」的農家故事，當地四戶農家共養一頭牛，由牧童牽著牛走這條山路前往各家輪流犁田。入口位於烏塗溪步道途中的觀景橋，沿著小溪溪岸上行，路況良好，大約步行半個小時，抵達林間一棟荒廢的石頭厝。續行的古道一分為二，一往筆架山，一往楒仔腳，已屬於登山健行路線，建議以古厝為折返點。

▲ 摸乳巷古道入口——烏塗溪景觀橋

烏塗溪步道：全長約2公里，是石碇熱門的水岸步道。造訪摸乳巷古道，可以從石碇老街出發，步行烏塗溪步道約15分鐘，即可抵達摸乳巷古道的入口。續行烏塗溪步道約5分鐘，即抵達摸乳巷「福田居」古厝。

福田居：是摸乳巷聚落唯一的餐廳，位於烏塗溪步道旁，有菜園及小魚池；餐廳旁有一間古老的石頭厝「摸乳巷7號」，為福田居祖厝。

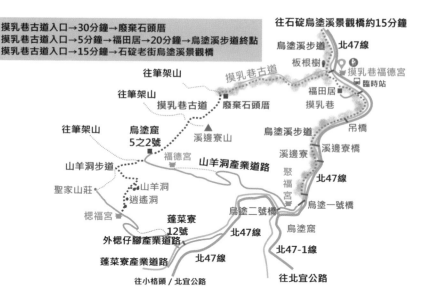

摸乳巷古道入口→30分鐘→廢棄石頭厝
摸乳巷古道入口→5分鐘→福田居→20分鐘→烏塗溪步道終點
摸乳巷古道入口→15分鐘→石碇老街烏塗溪景觀橋

往石碇烏塗溪景觀橋約15分鐘

烏塗溪步道　北47線
板根樹
摸乳巷福德宮
臨時站
往筆架山　　　摸乳巷古道
往筆架山　　　　　　　福田居
　摸乳巷古道　廢棄石頭厝　摸乳巷
往筆架山　烏塗窟　　　　　烏塗溪步道
　　　　　5之2號　　溪邊寮山　　　吊橋
　　　　　　福德宮　山羊洞產業道路　溪邊寮　溪邊寮橋
山羊洞步道　　　　　　　　　　聚
聖家山莊　　山羊洞　　　　　　福　北47線
　　　　逍遙洞　　　　　　　　宮
椻福宮　　　　　烏塗二號橋　　烏塗一號橋
　　　　　蓬萊寮　　　　　烏塗窟
　　　　　12號　　北47線
外椻仔腳產業道路　　　　　北47-1線
蓬萊寮產業道路　北47線
往小格頭/北宜公路　　　往北宜公路

交通資訊

【自行開車】地圖衛星導航輸入「新北市石碇區摸乳巷古道」，即可導航至摸乳巷古道入口（景觀橋）。

【大眾運輸】搭乘公車666烏塗窟線至臨時站；或搭乘公車666皇帝殿線、華梵大學線至石碇站，步行烏塗溪步道約20分鐘至摸乳巷古道入口。

附近景點

石碇老街、外按古道、山羊洞步道。

旅行建議

摸乳巷古道路程時間參考如下：烏塗溪景觀橋→15分鐘→摸乳巷古道入口→30分鐘→摸乳巷古道廢棄石頭厝→25分鐘→摸乳巷古道入口→5分鐘→福田居→20分鐘→烏塗溪步道終點。烏塗溪步道老少咸宜，摸乳巷古道為山徑，較不適合老人及幼童，請特別注意。

▲ 摸乳巷福德宮

▲ 烏塗溪步道

113

永安直潭
北勢溪上游失落的村莊 房舍沉水底

翡翠水庫淹沒村落
永安直潭獨特景象

　　直潭地名的由來，是因為北勢溪流經此地時，河道變得筆直，因此而得名，屬於永安里。早期直潭居民依河而居，後來因興建翡翠水庫，居民被迫遷移至地勢較高處，在低處的聚落屋舍被湖水淹沒。

▲ 永安聚落

▲ 枯水時期浮現水面的房舍

【景點 *Highlight*】

失落的村莊：翡翠水庫完工後，被上升湖水淹沒的村落屋舍，從此被稱為「失落的村莊」。只有枯水時期，被淹沒的房舍才會部分露出北勢溪的水面。直潭的「千山茶莊」位於湖岸，設有觀景台，提供遊客在此泡茶聊天，觀賞風景及眺望北勢溪溪谷水面隱隱出現房舍遺跡。茶莊也展示「失落的村莊」的老照片。照片顯示當時河岸有一間茶廠，如今已隱沒於水中。

▲ 永安國小校園

永安國小：直潭是附近較大的聚落，曾設永安國小。從千山茶莊附近的小徑石階上行，隨即抵達永安國小。永安國小因當地人口外流，學童減少，已廢校多年，校園變為寂寥。寂靜的校園面對著北勢溪碧波湖水裡失落的村落。

直潭河道風景：眺覽北勢溪呈現的筆直河道風景的最佳地點，就在永安景觀步道的入口，居高臨下，望見北勢溪寬廣如湖地流經永安，然後隨地勢曲流往塗潭而去，山坡有層層如梯的茶園，與湖色相映，風景秀麗怡人。

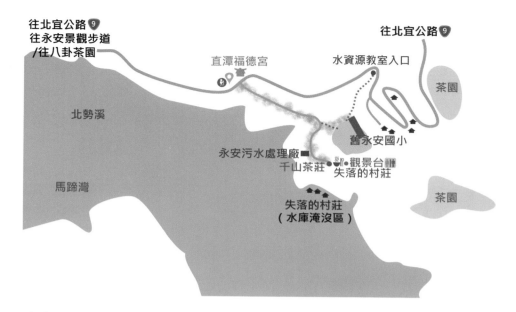

往北宜公路 9
往永安景觀步道
/往八卦茶園

往北宜公路 9

直潭福德宮

水資源教室入口

茶園

北勢溪

舊永安國小

永安污水處理廠
千山茶莊
觀景台
失落的村莊

馬蹄灣

失落的村莊
（水庫淹沒區）

茶園

交通資訊

【自行開車】地圖衛星導航輸入「石碇失落的村莊」，即可導航至石碇「失落的村莊」千山
茶莊，附近路旁有少量停車空間。

【大眾運輸】無直達公車。可在北宜公路風露嘴公車站搭乘叫客計程車（有計程車及旅行社
提供交通接駁服務至石碇千島湖及八卦茶園等景點）至直潭「失落的村莊」。

附近景點

永安景觀步道、八卦茶園、鱷魚島景觀、千島湖景觀、土虱頭觀景台。

旅行建議

順道遊覽附近著名的石碇千島湖景觀、鱷魚島景觀、土虱頭景觀、八卦茶園等風景。

▲ 永安景觀步道

▲ 消失的村莊

鯉魚潭潭腰

翡翠水庫上游小村祕境 鯉魚潭風光

鯉魚潭青山綠水美麗
鱷魚島潭腰茶園景美

潭腰，位於石碇北勢溪竹坑與直潭之間。清代嘉慶晚期（1810年代），泉州人楊海至此地開墾。由於北勢溪流至此地，形成長潭，而河岸伸入潭水，有如腰身，所以人們稱此地為「潭腰」。

▲ 潭腰聚落

【景點 *Highlight*】

鯉魚潭：潭腰附近的北勢溪深潭，昔稱「鯉魚潭」，翡翠水庫完工之後，湖面更加廣闊，宛如汪洋，而潭腰就像伸入海洋的岬角，三面被湖水環繞，處處可見秀麗湖景。鯉魚潭雖然風景美麗，然而因位於翡翠水庫上游水域，限制觀光開發，缺乏遊憩設施，反而成少有遊客的祕境。

▲ 鯉魚潭

潭腰聚落：位於潭腰產業道路的終點。潭腰福德宮旁的路邊有停車空地。此地瀲灩湖水與青山相映。福德宮前的廣場就可以眺覽鯉魚潭風景，也與著名的石碇「鱷魚島」景觀遙遙相對。潭腰只有幾戶人家，種植茶樹及其他農作。沿著福德宮旁的小路而行，一邊是山坡茶園，一邊是鯉魚潭湖景，很適合無所事事地漫步，小路終點有一家無菜單料理餐廳，平時門掩，只接受事先預約的顧客。

茶園小徑：潭腰福德宮旁的山坡茶園，鋪設一小段石階步道，爬上一小段，坐在石階，觸目所及，綠色茶園、湛藍湖水就在眼前腳下，沉浸在如此明媚的山村湖景，閒坐發呆，真是偷得浮生半日閒。

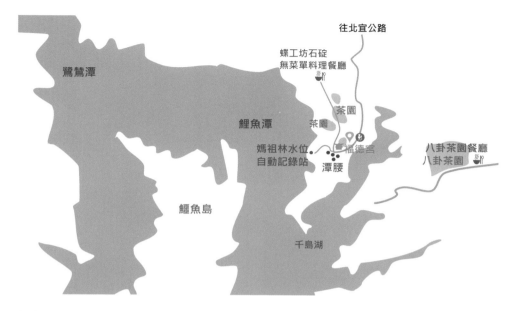

交通資訊

【自行開車】地圖衛星導航輸入「潭腰」，行駛至潭腰道路終點，潭腰福德宮附近道路旁有空地可以停車。

【大眾運輸】無直達公車。從捷運新店站搭乘綠12公車至小格頭站，步行竹坑道路，再接潭腰道路約3公里，抵達潭腰福德宮。

附近景點

八卦茶園、鱷魚島景觀、千島湖景觀。

旅行建議

潭腰屬於翡翠水庫上游管制水域，限制進入水岸，也較缺乏遊憩設施（如涼亭、公廁等）；路旁停車空地有限，建議於非假日時造訪，較能享受閒適悠遊的氛圍。

▲ 潭腰福德宮

▲ 潭腰山坡茶園

小粗坑生態綠廊
新店溪灣潭段綠廊美麗風光 貓巡坑

古董級小粗坑發電廠
貓巡坑灣潭生態綠廊

　　小粗坑位於新店的粗坑里，「粗坑」是指堆滿石頭的坑谷，因聚落範圍較狹小，因此被稱為「小粗坑」。小粗坑地處直潭、青潭之間的新店溪大曲流南岸，昔日有小粗坑渡口對外聯絡，舊渡口遺址位於今小粗坑發電廠出水口的下方河畔。

▲ 小粗坑生態綠廊新店溪風光

▲ 小粗坑周家古厝

【景點 *Highlight*】

周家古厝：位於永興路19號，原建於清朝嘉慶二十四年（1819），舊屋已翻新，但仍保存部分舊有石砌屋牆，外牆嵌有「武功世澤」，牆基劃出一條紅線，寫有「1924年8月5日新店大水災」的漆字，標示了當年大淹水的高度。

小粗坑發電廠：完工於1909年，時間晚於新店溪上游的龜山發電廠，是台灣第二座水力發電廠。龜山發電廠荒廢後，小粗坑發電廠成為台灣仍在運轉的最古

▲ 小粗坑發電廠

老水力發電廠（現稱「台電桂山發電廠粗坑機組」）。巴洛克式的建築風格，古典優雅，曾獲選為「台灣十大土木史蹟」，為新北市歷史建築。

小粗坑生態綠廊：小粗坑發電廠前的小粗坑路，通往新店直潭。這條鄉間小路沿著新店溪右岸，稱為「小粗坑生態綠廊」，途中有觀景台。新店溪在這附近的河段有大曲流，稱為「灣潭」，風光明媚。步行約1.3公里（約25分鐘），抵達貓巡坑福德宮。廟前有觀景平台，展望優美。續行約0.6公里，抵達直潭國小。

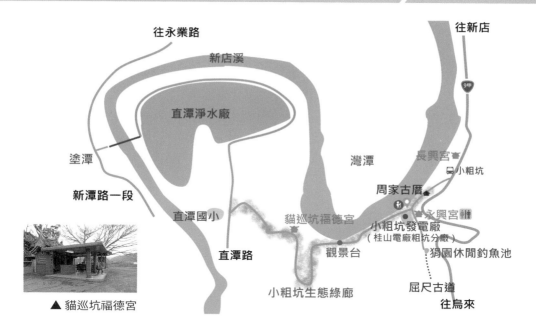

往永業路

往新店

新店溪

直潭淨水廠

塗潭

灣潭

長興宮

小粗坑

新潭路一段

周家古厝

直潭國小

貓巡坑福德宮

永興宮

小粗坑發電廠
（桂山電廠粗坑分廠）

直潭路

觀景台

狷園休閒釣魚池

小粗坑生態綠廊

屈尺古道

往烏來

▲ 貓巡坑福德宮

交通資訊

【自行開車】地圖衛星導航輸入「臺灣電力公司桂山發電廠粗坑機組」，即可抵達小粗坑電廠。附近路旁停車。

【大眾運輸】從捷運新店站搭乘公車849或從捷運大坪林站（民權路）搭乘公車綠3至小粗坑站，步行約500公尺（5～8分鐘）至小粗坑發電廠。

附近景點

屈尺古道、碧潭風景區、屈尺引水道步道。

旅行建議

小粗坑發電廠附近的永興宮是拍攝小粗坑發電廠的最佳位置。屈尺古道路程時間參考如下：
小粗坑發電廠→3分鐘→永興宮→5分鐘→狷園休閒釣魚池→20分鐘→伸丈板→2分鐘→小補碑
→5分鐘→慈雲禪寺→12分鐘→（屈尺）自強路23巷，總計約50～60分鐘。

▲ 小粗坑生態綠廊

▲ 貓巡坑福德宮前的觀景平台

屈尺水岸
屈尺引水圳道步道　屈尺景觀公園

引水圳道步道 屈尺壩
梅花湖濛濛湖 直潭壩

　　屈尺位於新店溪中游，原為泰雅族屈尺社的居地，清代咸豐年間，來自福建安溪的漢人來此拓墾，與泰雅族人發生激烈衝突而佔領此地。屈尺岐山巖清水祖師廟為安溪移民的信仰中心。

▲ 屈尺壩 梅花湖

▲ 屈尺引水圳道步道觀景平台

【景點 *Highlight*】

屈尺壩：又稱「粗坑堰堤」，日治時代興建小粗坑水力發電廠，在上游的屈尺興建屈尺壩，攔阻河水，再利用屈尺引水圳道，將溪水引至2.6公里的小粗坑電廠進行水力發電。屈尺壩的上下游新店溪呈現湖景，分別為燕子湖及梅花湖。

屈尺引水圳道步道：梅花湖段的屈尺引水道設有明渠、暗渠，水道旁設有屈尺引水圳道步道，遊客漫步其間，不僅可以欣賞梅花湖的風景，也能體驗這條具有百年歷史、水力發電的引水圳道。

屈尺景觀公園：位於屈尺引水圳道步道旁，公園適合親子來此郊遊踏青。附近櫻花街，每到初春，櫻花盛開，此地也是新店賞櫻景點之一。

濛濛谷：曾經是台北年輕男女郊遊烤肉的戀愛聖地。直潭壩完工後，屈尺的新店溪水面上升，淹沒山谷，濛濛谷消失，變成水面廣闊的「濛濛湖」。濛濛湖湖色瀲灩，風景優美，雖然已不再是著名景點，但幽靜少有遊客，平時只有少數釣客在湖畔垂釣，給人有桃花源祕境的感覺。

▲ 屈尺引水圳道步道

▲ 濛濛湖

交通資訊

【自行開車】地圖衛星導航輸入「新北市新店區屈尺籃球場」，即可抵達屈尺景觀公園，路旁空地停車。

【大眾運輸】從捷運新店站搭乘公車849、新北市新巴士屈尺線至景觀公園站。

附近景點

屈尺古道、小粗坑生態綠廊、燕子湖、桂山發電廠冰品部。

旅行建議

從屈尺景觀公園步行至濛濛谷約2公里（步行時間約40～50分鐘），途中可順道參觀岐山巖清水祖師廟；亦可直接搭乘新北市新巴士屈尺線至濛濛谷站。

▲ 屈尺景觀公園

▲ 濛濛湖

121

烏來情人步道
烏來台車看瀑布 情人步道浪漫行

烏來瀑布 雲來之瀧
烏來台車 情人步道

　　烏來，地名源自泰雅語「Ulay」，意思為「水很燙要小心」（Kiluh-ulay）。相傳泰雅族人狩獵追蹤獵物到此地，發現有冒煙的熱水從河谷湧出，而喊出「Kiluh-ulay」，後來遷徙至此定居，名為「烏來社」。從日治時代至今，烏來以溫泉風景區著名。

▲ 烏來瀑布

▲ 烏來台車瀑布站

【景點 *Highlight*】

烏來瀑布：烏來瀑布高約80公尺、寬10公尺，日治時代舊稱「雲來之瀧」，是烏來風景區著名的景觀之一。瀑布路的勇士廣場是欣賞烏來瀑布的最佳地點，廣場種植櫻花樹，是賞櫻景點。

烏來台車：又稱「烏來蹦蹦車」，早期僅用來輸運木材，後來因烏來特定風景區觀光發展的需求，於1963年開辦客運，初期以人力推送遊客，後來改為機動化，以柴油引擎推動台車，目前烏來台車仍行駛於烏來站與瀑布站之間。瀑布站附近的烏來林業生活館內有展示烏來林業及台車的歷史。

▲ 烏來林業生活館

▲ 烏來情人步道

交通資訊

【自行開車】

地圖衛星導航輸入「烏來立體停車場」
（位於烏來老街入口處），或「烏來瀑
布」（烏來瀑布區設有免費停車場，但停
車空位有限）。

【大眾運輸】

從捷運新店站搭乘公車849至烏來總站，然
後步行烏來老街，過攬勝大橋即抵達烏來
台車站。

附近景點

雲仙樂園、信賢步道、內洞國家森林遊樂
區。

旅行建議

建議從烏來老街出發，搭乘烏來台車至瀑
布站，遊逛烏來瀑布區，然後步行烏來情
人步道往烏來老街，全程都為下坡路。情
人步道長約1公里，至步道出口後，續行約
700公尺即抵達烏來老街。

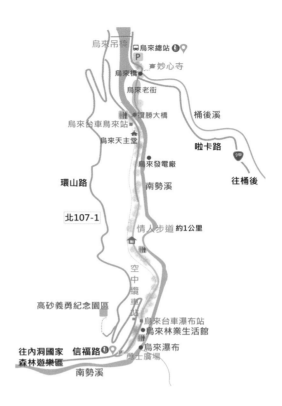

情人步道： 位於南勢溪與烏來台車軌道間的平行瀑布路，週末假日僅供民眾行
走，稱為「烏來情人步道」。步道沿途設有公廁及涼亭，一路山林青翠，有南勢
溪涔涔流水相伴。

烏來老街： 烏來橋與攬勝大橋之間，長200多公尺的烏來街，是烏來熱鬧的老
街，有各種地方美食、溫泉湯屋，也有烏來泰雅民族博物館，介紹泰雅民族文
化。走過攬勝大橋，即抵達烏來台車烏來站。可以搭乘台車或步行情人步道前往
烏來瀑布區。

▲ 攬勝大橋

▲ 烏來老街

內洞林道
台北最美的林道 生態觀察 森林浴

十二公里林道健行
內洞國家森林賞瀑

內洞位於烏來信賢部落東南方的山羊洞南側，因為地點相對更為偏僻，因此漢人稱為「內洞」，泰雅語地名則稱為「gong sqatung」，意指很多生物棲息的河谷。內洞國家森林遊樂區以瀑布、生態景觀著稱，而內洞林道則有「台北最美林道」的美譽。

▲ 內洞林道（3.5公里處）

▲ 內洞林道（6.5公里處）

【景點 Highlight】

內洞林道：內洞林道全長14公里，約於民國64至65年期間闢建完成，提供烏來事業區搬運林木相關作業之用。伐林結束後，林道漸漸荒蕪，又受颱風風災影響，目前僅前段6.5公里可以通行汽車；6.5公里至12公里之間，部分路段崩塌，但已開闢山徑可以通過。12公里以後的林道崩塌，路跡不明。

▲ 內洞林道（12公里處）觀景平台

內洞林道觀景平台：位於林道12公里處，銜接內洞國家森林遊樂區的森林浴步道，由北下行約2公里，即抵達內洞國家森林遊樂區的瀑布區。

造訪內洞林道的方式：(1) 開車至林道6.5公里處，步行至12公里的觀景平台，然後原路折返，來回約12公里（含崩塌繞路），時間約6小時。

(2) 從烏來搭乘計程車或包車至林道6.5公里處，步行至12公里的觀景平台，然後步行至內洞國家森林遊樂區，再搭計程車或步行信賢步道返回烏來瀑布區。

(3) 親子旅遊：建議停車於孝義派出所，由此進入內洞林道。林道前6.5公里路況良好，適合健行，可依個人時間及體力許可，走至一定距離再原路折返。

交通資訊

【自行開車】地圖衛星導航輸入「新店分局孝義派出所」，即可抵達內洞林道入口。汽車可以駛進內洞林道，途中僅有一個岔路，取右行，行駛至6.5公里處路旁停車。內洞林道道路較為狹窄，部分路段為碎石子路，請小心駕駛。

【大眾運輸】無公車抵達。從捷運新店站搭乘公車849至烏來總站，再搭乘計程車前往。

附近景點

桶後林道、烏來老街、烏來瀑布、內洞國家森林遊樂區。

旅行建議

內洞林道6.5公里以後，部分崩塌路段，已變為登山小徑，有一小部分路段稍有起伏，一般健行或親子健行，建議步行至適當距離，然後原路折返。

▲ 內洞林道

▲ 內洞瀑布（內洞國家森林遊樂區）

桶後林道
桶後越嶺古道 桶後溪 柳杉林

桶後林道路遠風景美
柳杉溪流沿途伴我行

　　桶後的地名，清代《淡水志‧疆域志》已經出現，可能來自泰雅族的社名，或說桶後位於大桶山的後山，所以漢人稱為「桶後」。桶後林道原為泰雅族部落間的社路，後來成為伐林的道路。

▲ 桶後越嶺古道

▲ 桶後溪（亦稱「桶后溪」）

【景點 Highlight】

桶後越嶺古道：為桶後林道的一段，全長約7公里，沿著桶後溪的溪岸。2015年受到蘇迪勒重創，古道封閉多年，才剛修復完畢。

古道第一段：從起點的桶後吊橋至第二吊橋，全長約3公里，路程時間約80～90分鐘，原本平緩好走，但因部分路段崩塌，現在部分路段須高繞通過崩塌地，再從高架樓梯接回溪岸步道。

▲ 古道崩塌後，新建的高架樓梯

第二段：從第二吊橋至烘爐地山岔路溪谷，長約1.5公里，路程時間約40分鐘。這一段古道以柳杉森林取勝。僅有一小段路因崩塌，須陡爬高繞一小段。烘爐地山岔路處的溪谷適合休憩或戲水。

第三段：烘爐地山岔路起，古道緩緩上坡，5公里處的溪谷，風景優美。過此之後，古道脫離溪谷，漸漸陡峭，上爬約1公里，抵達越嶺最高點（6公里附近）。然後逐漸下坡，越過乾溪溝，再爬上至6.7公里的山鞍處，就可以望見蘭陽平原了。　續往下走約300公尺，即抵達7公里路標的終點處，接小礁溪產業土石路。此段路程時間約60～70分鐘，是挑戰級的行程。

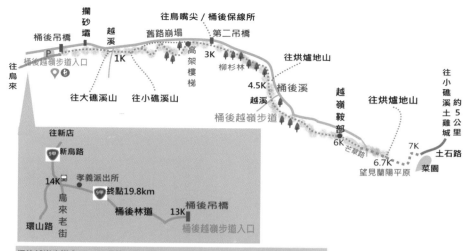

攔砂壩　　越溪　　往烏嘴尖／桶後保線所
桶後吊橋　　　　舊路崩塌　　第二吊橋
P　　　　　　　　　　　　　高架　3K　　　　往烘爐地山
往烏來　桶後越嶺步道入口　1K　　樓梯　柳杉林
往大礁溪山　　往小礁溪山　　　　4.5K　桶後溪　越嶺鞍部
　　　　　　　　　　　　越溪　　　　　　　往烘爐地山　往小礁溪土雞城
　　　　　　　　　桶後越嶺步道　　　　　6K
往新店　　　　　　　　　　　　　　　6.7K　　約5公里
新烏路　　　　　　　　　　　　　　芒草路　　土石路
14K　孝義派出所　　　　　　　望見蘭陽平原　菜園
　　　終點19.8km
烏來老街　桶後林道　13K　桶後吊橋
環山路　　　　　　　桶後越嶺步道入口

桶後越嶺步道入口→60分鐘→高架樓梯→20分鐘→第二吊橋(3K)→40分鐘→
烘爐地山登山口溪谷(4.5K)→45分鐘→鞍部(6K)→15分鐘→眺望蘭陽平原(6.7K)

交通資訊

【自行開車】地圖衛星導航輸入「新北市烏來區阿玉路」，行駛至阿玉路終點，即銜接桶後林道，續行約13公里，抵達桶後越嶺古道入口。（註：林務局為保護桶後溪生態，設管制站，管制車輛進入，請事先查詢最新管制規定）。

【大眾運輸】無直接抵達。從捷運新店站搭乘公車849至烏來總站，再搭乘計程車前往。

附近景點

西坑林道、內洞林道、烏來老街。

旅行建議

悠遊桶後越嶺古道，建議以3公里處的桶後第二吊橋或5公里處的溪谷做為折返點。若走全線來回，則旅行時間約須6小時，要特別留意個人體能。桶後林道管制期間，亦可選擇從宜蘭小礁溪的古道入口進入（無道路管制）。

▲ 古道沿著桶後溪的溪岸

▲ 古道沿途經過造林區

坪林老街
清代淡蘭交通中繼站 茶鄉好山好水

保坪宮老街信仰中心
北勢溪坪林茶鄉風情

　　坪林，舊稱「坪林尾」，地處於地勢平坦的森林尾端，因而得名。日治時代地名簡化為「坪林」。坪林為清代淡蘭道南路交通往來的中繼站，也是著名的茶鄉。

▲ 坪林老街保坪宮

▲ 坪林老街

【景點 Highlight】

坪林老街：長約200公尺，有傳統的飲食店、五金雜貨行、茶莊等店舖。老街入口處有一棟以石材砌造的兩層樓閣式建築，石砌的屋牆，古樸典雅，是老街最具特色的古厝。保坪宮建於清同治元年（1862），位於老街的中心點，是坪林地方的信仰中心。

舊坪林橋：造於1910年，曾是台北宜蘭之間交通往來所倚重的橋梁，一直使用至1998年才被新的坪林橋取代，已登錄歷史古蹟，規劃為專供人行的徒步區。

觀魚步道：坪林老街附近的北勢溪兩岸設有觀魚步道。遊客可以漫步於坪林拱橋至水柳腳親水吊橋之間的河岸步道，或從親水吊橋沿著溪岸走往鰱魚堀溪景觀橋，然後續走往北勢溪下游的渡南橋，沿途溪流、茶園、山巒風景交織，構成美麗山水圖景。

坪林茶業博物館：是台灣唯一的茶業博物館，館內展出茶葉栽種的起源、品種、歷史發展及茶葉製造、茗茶的方法等。戶外設有石雕公園及生態園區及休閒步道，供遊客散步悠遊。

▲ 坪林老街石頭厝

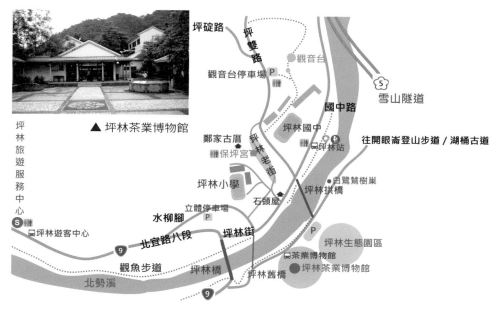

▲ 坪林茶業博物館

坪林旅遊服務中心

坪碇路
坪雙路
觀音台
觀音台停車場 P
雪山隧道 S
國中路
坪林國中
鄭家古厝
坪林站
往開眼崙登山步道／湖桶古道
保坪宮
坪林老街
坪林小學
白鷺鷥樹巢
坪林拱橋
石頭屋
立體停車場 P
水柳腳
北宜路八段
坪林街
坪林生態園區
P
茶業博物館
坪林茶業博物館
9
觀魚步道
坪林橋
坪林舊橋
北勢溪
9

交通資訊

【自行開車】地圖衛星導航輸入「坪林茶業博物館」，這裡設有公共停車場。

【大眾運輸】從捷運新店站搭乘公車923至坪林站、綠12至坪林遊客中心站、或從捷運大坪林站搭乘9028D至坪林站。

附近景點

觀音台步道、北勢溪自行車道、金瓜寮溪自行車道。

旅行建議

坪林拱橋旁的水岸樹林是著名的夜鷺棲息地，每到傍晚時有數百隻夜鷺、白鷺、夜頭鷺棲息在樹上，遊客站在橋上可近距離觀賞。坪林的北勢溪封溪護魚多年，自然生態豐富，因此大量鷺鳥在這處河岸樹林棲息。

▲ 舊坪林橋

▲ 鰱魚堀溪景觀橋

金瓜寮茶香生態村

茶園風光 金瓜寮溪 自行車道

金瓜寮吊橋河岸風景
陳吉記古厝茶園風光

　　金瓜寮位於金瓜寮溪中游的山間谷地，先民入墾此地，搭寮開墾，寮旁種植一大片金瓜（南瓜），因而得名。金瓜寮有傳統的石頭屋、舊派出所、吊橋遺跡，步道、自行車道，溪流、茶園、青山，構成一幅茶村山水美麗圖景，被規劃為「金瓜寮茶香生態村」。

▲ 金瓜寮茶香生態村

▲ 茶園風光

【景點 *Highlight*】

金瓜寮吊橋：據說日治初期陳秋菊率眾開墾金瓜寮時所建造的木橋，以利人行，日治初期改建為吊橋。金溪一號橋完工後，舊吊橋逐漸荒廢。近年重新修復，提供遊客懷舊。吊橋附近有日治時代的派出所，現已成為私人住宅。

陳吉記古厝：原為陳秋菊的堂弟陳捷陞所有，是陳家前來金瓜寮收取田租時的臨時公館，後來坪林人陳為吉購買此屋，門額改懸「陳吉記」的匾額，是金瓜寮最知名的古厝。

茶香生態村步道：有兩條主要步道，一為河岸步道，從金溪一號橋旁進入，沿著金瓜寮溪的溪岸，有茶園及溪流風光；一為健行步道，從金瓜寮福德宮旁進入，爬上觀景平台，然後繞行山腰，再從聚落的另一邊下山。

金瓜寮溪自行車道：沿著金瓜寮溪的自行車道是一條適宜散步的路線，一路有青山綠水相伴。建議從金瓜寮茶香生態村往下游方向，步行約1.5公里，抵達觀魚自行車道觀景平台，然後再原路折返，欣賞沿途金瓜寮溪的美麗風景。

▲ 金瓜寮吊橋

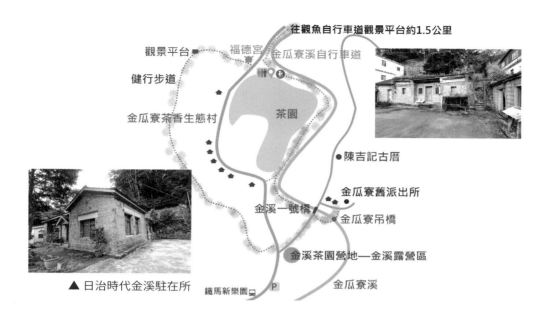

往觀魚自行車道觀景平台約1.5公里

觀景平台　福德宮　金瓜寮溪自行車道

健行步道

金瓜寮茶香生態村

茶園

陳吉記古厝

金瓜寮舊派出所

金溪一號橋

金瓜寮吊橋

金溪茶園營地—金溪露營區

金瓜寮溪

鐵馬新樂園　P

▲ 日治時代金溪駐在所

交通資訊

【自行開車】地圖衛星導航輸入「金瓜寮茶香生態村」，即可導航至目的地。鐵馬新樂園公車站牌附近設有小型停車場。

【大眾運輸】從捷運新店站搭乘公車923（經高速公路）、綠12（經北宜公路）至坪林站。然後轉乘F722、F723巴士（坪林國中）至「鐵馬新樂園」站。

附近景點

金瓜寮魚蕨步道、坪林老街、坪林茶業博物館、坪林觀魚步道。

旅行建議

建議順道遊覽金瓜寮溪上游的金瓜寮魚蕨步道。從金瓜寮茶香生態村續行約3公里，即抵達金瓜寮魚蕨步道北側入口。金瓜寮魚蕨步道長2.2公里，步行時間約1小時（單程）。

▲ 金瓜寮茶香生態村區河岸步道

▲ 金瓜寮溪自行車道

厚德崗坑

開眼崙登山步道 雲海 茶園風光

開眼崙眺望坪林全區
低海拔雲海茶園風光

　　厚德崗坑，舊稱「福德崗坑」，位於坪林水德里的山區坑谷。地名由來，或說厚德為「福德」的閩南語轉音，本地山嶺建有一座土地公廟，因而得名。厚德崗坑分為外寮及中寮，外寮住戶較為聚集，居民以鄭姓為多，是厚德崗坑主要聚落所在地。

▲ 厚德崗坑聚落

▲ 厚德崗坑茶園風光

【景點 Highlight】

茶園風光：厚德崗坑是典型的茶山聚落，山坡農地以茶園居多，遊客漫步於鄉間小路及山區產業道路，可以飽覽茶園風光。從外寮橋走入聚落，經大坪茶園，大約步行0.6公里，即可望見大片的山坡茶園，這裡是坪林茶鄉最具代表性的茶山風景。

開眼崙登山步道：長約1.1公里，登山口就在外寮橋附近。大約步行670公尺即可登頂海拔最高處的開眼崙，這條登山步道的後段較為陡峭，登爬會有點辛苦。據傳早期居民在山頂供奉兩尊神明以保佑此地平安。因為在山頂上為神明開光，所以稱為「開眼崙」。

開眼崙擁有極佳視野，是唯一可以俯瞰坪林全區七個里的地點，也是欣賞雲海的一處祕境景點。從開眼崙有一條陡下的山徑通往第三登山口，然後接鄉間小路，沿途經過大片的山坡茶園。沿著小馬路往下走，經過大坪茶園，即繞回到外寮橋，環狀一圈約3公里多。

▲ 開眼崙登山步道

交通資訊

【自行開車】地圖衛星導航輸入「厚德岡坑（新巴士）」，即可抵達厚德岡坑聚落。

【大眾運輸】從坪林國中搭乘F724水德線（僅假日行駛）至厚德岡坑站。註：發車時間～08:00、11:00、13:00、16:00（建議查詢最新時刻表）。

附近景點

湖桶古道、坪林茶業博物館、坪林老街、坪林觀音台步道。

旅行建議

開眼崙登山步道後段陡峭，山頂往第三登山口的山徑亦較為陡峭，步行應注意安全。路程參考時間如下：外寮橋第一登山口→20分鐘→往第二登山岔路口→30分鐘→開眼崙山→20分鐘→第三登山口→40分鐘 →外寮橋，環狀一圈步行時間約2小時。

▲ 開眼崙登山步道

▲ 開眼崙山頂的展望

石磎三步跳
鰱魚堀溪上游的茶村 水岸風景

石磎橋跨河觀賞河景
清雲橋水岸戲水逍遙

石磎，位於坪林鰱魚堀溪上游，四周環山，鰱魚堀溪河岸的台地，適合種墾。清代道光初年，安溪人陳金來等人開闢，見溪底有石，狀若盛食物的槽，因此稱此地為「石磎」。

▲ 石磎橋

▲ 石磎保安宮

【景點 *Highlight*】

石磎保安宮：祀奉保儀尊王及保儀大夫；清光緒年間，林姓先祖從景美集應廟分靈至石磎供奉，已有一百多年歷史。保安宮旁的「厝邊老廊」原為破損的傳統土埆厝，整修為社區公共活動空間，展示本地的人文歷史，也包括一些社區老照片及景點介紹。

▲ 厝邊老廊

石磎散步路線：從厝邊老廊出發，沿著鷲子瀨路，走往石磎橋，附近有美麗的茶園風光。石磎橋是拱狀的鋼橋，跨越鰱魚堀溪，橋下有深潭，名為「石潭」。從石磎橋走往上游的清雲橋，沿著溪岸而行，一旁是石槽農家田園，另一側是鰱魚堀清澈流水，對岸山壁，有小瀑懸流，青山綠水，風光明媚。

清雲橋：位於聚落的南側，橋下的溪谷，有一排排長條狀的石塊，即是「石磎」地名由來，早期尚未興建橋梁之前，枯水時，民眾踩著溪谷石塊，跳三次就可以到對岸，因此本地人稱此處為「三步跳」。清雲橋的上游溪岸有淺灘，有石階步道可通，是戲水或觀魚的悠遊佳處。

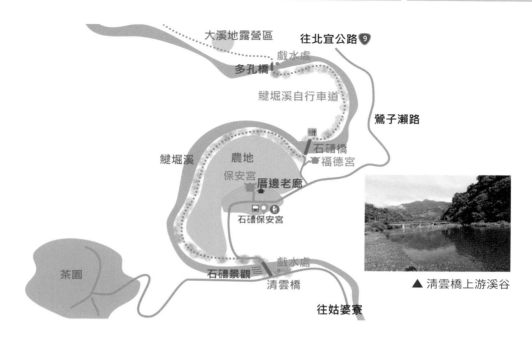

大溪地露營區

往北宜公路 ⑨

戲水處

多孔橋

鱻堀溪自行車道

鶯子瀨路

石碏橋

福德宮

鱻堀溪　農地

保安宮

厝邊老廊

石碏保安宮

茶園

戲水處

石碏景觀

清雲橋

往姑婆寮

▲ 清雲橋上游溪谷

交通資訊

【自行開車】地圖衛星導航輸入「坪林石碏保安宮」即可抵達目的地。保安宮旁民宅空地可停車。

【大眾運輸】無。小巴士F723石嘈線週一至週五每天僅有一班公車往石碏。

附近景點

姑婆寮溪、鱻魚堀溪自行車道、鶯子瀨。

旅行建議

石碏位置較偏遠，公車班次有限。建議亦可從坪林老街租騎自行車經由鱻魚堀溪自行車道前來石碏，騎乘距離約6～7公里。

▲ 石碏福德宮附近茶園風光

▲ 鱻魚堀溪河岸步道

135

姑婆寮溪
姑婆寮溪上游多孔橋溪谷祕境

深山祕境遠離塵囂
姑婆寮溪遺世獨立

　　姑婆寮位於坪林鰱魚堀溪的上游，屬於大林里，位置較偏遠，直到日治初期才有漢人進入拓墾，因當時此地有許多姑婆芋，移民在此築寮，因而得名。

▲ 姑婆寮溪多孔橋

【景點 Highlight】

姑婆寮溪溪谷祕境：姑婆寮溪是鰱堀溪的上游支流，在平堵橋上游約300公尺處匯入鰱堀溪。從平堵橋有產業道路通往姑婆寮，約1.5公里，抵達道路終點。這裡有一座多孔水泥橋跨越姑婆寮溪。水孔橋上游的溪谷平坦，水流平緩，溪水怡人，是夏日清涼消暑的好去處，也是溯溪路線。這裡的溪谷位置偏遠，少有遊客造訪，屬於溪谷祕境，是夏日戲水逍遙的好去處。

▲ 姑婆寮溪

平堵橋：平堵橋位於姑婆寮聚落的入口，平堵橋至清雲橋之間的產業道路，長約1.6公里，沿著逮魚堀溪溪岸而行，此處遠離塵囂，青山綠水相映，景色怡人，是一條非常優質的健行步道。這一河段的鰱堀溪，河床平坦，水流平緩，沿途有幾處河堤階梯可以下至溪谷，閒坐溪石，聆聽潺潺溪流，靜觀魚群悠游，實為逍遙快活之遊。

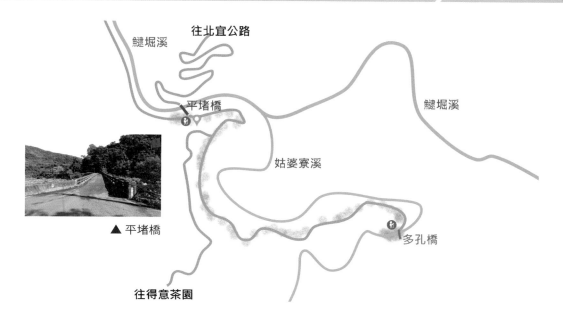

▲ 平堵橋

交通資訊

【自行開車】無直接衛星定位點。建議地圖衛星導航輸入「新北市坪林區得意茶園」，經過平堵橋，往得意茶園岔路口時，仍取直行，續行至道路終點，即抵達姑婆寮溪多孔橋。

【大眾運輸】無。

附近景點

鱐魚堀溪自行車道、石磕保安宮。

旅行建議

姑婆寮溪的交通較為不方便。建議自備交通工具，或從坪林老街租騎自行車經由鱐魚堀溪自行車道前來石磕，騎乘距離約10公里，大部分路段平緩好騎，僅平堵橋至姑婆寮溪多孔橋有一段長300多公尺爬坡路。（請事先查詢坪林租車相關資訊）

▲ 姑婆寮溪適合溯溪戲水

▲ 平堵橋～清雲橋的溪流風光

北勢溪闊瀨
北勢溪曲流地貌形成寬闊河景

闊瀨吊橋觀賞北勢溪
貴妃池欣賞天然浴池

　　闊瀨的地名與溪流地貌有關。北勢溪流經此地，因河流彎曲而變為寬闊，因此稱為「闊瀨」。早期闊瀨人口多，設有小學，隨著農業式微，人口外流，創校於1912年的闊瀨國小，如今亦已廢校。

▲ 闊瀨吊橋

▲ 闊瀨吊橋下的北勢溪溪谷

【景點 *Highlight*】

闊瀨吊橋：位於闊瀨國小旁的北勢溪溪谷，為對岸學童上學必經之橋。闊瀨國小廢校後，原址轉型為「英速魔法學院闊瀨校區」。闊瀨吊橋長40公尺，從橋上可以眺覽北勢溪灣流形成的闊瀨地貌。過吊橋後，可沿著溪岸步道走往下游方向，至附近的農家（柑腳坑22、23號民宅）欣賞茶園風景。

闊瀨古道：北勢溪左岸的闊瀨吊橋橋頭旁有一條山徑，通往上游方向，為闊瀨古道。闊瀨古道屬於淡蘭古道之一，通往三水潭，銜接北勢溪古道、灣潭古道，是熱門的淡蘭山徑健行路線。一般遊客建議可以漫步一小段，步行約200公尺，至第一處小溪澗處，然後原路折返。

貴妃池：位坪雙公路約13公里處的小粗坑橋上游溪谷，是北勢溪支流長期沖蝕巨塊砂岩而形成的天然水池。池水分為上下兩池，略成橢圓，像是天然的大澡盆，被取名為「貴妃池」。貴妃池入口的公路旁有一間石砌的小粗坑福德宮，進入後約10多公尺即抵達貴妃池。

▲ 闊瀨古道

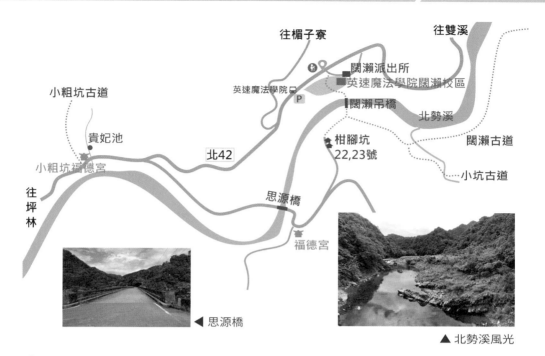

往楣子寮　　　　往雙溪

闊瀨派出所

英速魔法學院　英速魔法學院闊瀨校區

小粗坑古道

闊瀨吊橋

貴妃池　　北勢溪

北42　　闊瀨古道

小粗坑福德宮

柑腳坑
22,23號

往坪林　　小坑古道

思源橋

福德宮

◀ 思源橋

▲ 北勢溪風光

交通資訊

【自行開車】地圖衛星導航輸入「新北市英速魔法學院闊瀨校區」，即可抵達目的地。馬路空地設有停車空間。

【大眾運輸】從坪林國中搭乘F721南山寺線至英速魔法學院站。

附近景點

大舌湖步道、虎寮潭、南山寺（仙公廟）。

旅行建議

英速魔法學院闊瀨校區大門未開放，應從闊瀨派出所旁巷子進入，有小徑穿越英速魔法學院闊瀨校區校園，然後走往闊瀨吊橋。（編按：闊瀨吊橋目前因邊坡崩塌而封閉，等待修復中。請查詢新北市觀光旅遊網，掌握最新修復進度。）

▲ 闊瀨吊橋下的河岸步道

▲ 貴妃池

虎寮潭
北勢溪上游優美吊橋溪潭

虎寮潭狗齒地貌景觀
粗石斛吊橋美麗風光

　　虎寮潭，清代嘉慶中期，泉州人張豬、曾守等開闢此地，當時搭建簡易農寮。台灣民間常稱簡陋工寮為「虎尾寮起」，指容易倒塌的意思，因此就稱為「虎尾寮」。聚落依臨北勢溪深潭，因此稱為「虎尾寮潭」，昔日設有虎尾寮庄。

▲ 虎寮潭吊橋

▲ 虎寮潭旁的渡假營地

【景點 *Highlight*】

虎寮潭吊橋：位於北勢溪深潭之上，為兩岸往來的橋梁，新的虎寮潭橋完工後，舊吊橋成為觀光吊橋。吊橋所在的北勢溪溪谷以「狗齒地貌」著稱，溪谷有不少巨石，經過河水長期沖刷，形成不規則狀，宛如狗齒般。虎寮潭上的虎寮潭吊橋，正是欣賞狗齒地貌的最佳位置。

▲ 虎寮潭鄉間小路

虎寮潭鄉間道路：從虎寮潭吊橋通往粗石斛吊橋，沿著北勢溪溪岸，長約1.5公里的鄉間小路，有美麗的溪流風光，是鄉間休閒散步路線。途中的「映象之旅」營地，有親水空間及餐飲服務。步行約25～30分鐘，抵達粗石斛吊橋。

粗石斛吊橋：粗石斛的地名是因為這個地方的山石瘠薄，多生石斛，因而得名。粗石斛吊橋跨越北勢溪，吊橋的對岸有小徑通往溪谷，也有一條大舌湖步道通往上游的大舌湖聚落，步道距離約1公里。續行抵達北勢溪上游著名的曲流地形，宛如大舌吐信，被稱為「蛇舌湖」，就是今日「大舌湖」地名的由來。

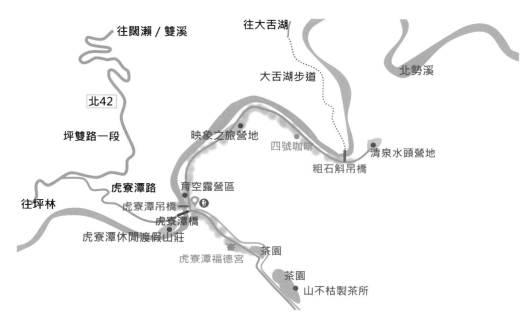

往闊瀨 / 雙溪　　往大舌湖

大舌湖步道　　北勢溪

北42

坪雙路一段　　映象之旅營地

四號咖啡　　清泉水頭營地

粗石斛吊橋

虎寮潭路　　育空露營區

往坪林　　虎寮潭吊橋

虎寮潭橋

虎寮潭休閒渡假山莊

虎寮潭福德宮　　茶園

茶園

山不枯製茶所

交通資訊

【自行開車】地圖衛星導航輸入「新北市坪林區虎寮潭吊橋」，即可抵達目的地。附近路旁空地停車。

【大眾運輸】無。

附近景點

大舌湖步道、闊瀨吊橋、貴妃池、坪林老街。

旅行建議

虎寮潭有兩條散步路線：一是從虎寮潭吊橋走往粗石斛吊橋；另一條是從虎寮潭吊橋走往虎寮潭福德宮，兩條散步路線都是鄉間柏油路，少有車子，適合闔家老少散步。

▲ 映象之旅營地

▲ 粗石斛吊橋

老梅社區
老梅季節限定的美景 老梅綠石槽

綠石槽海岸綠色地毯
老梅公園風剪樹迷宮

　　老梅，地名來自平埔族之一的凱達格蘭族譯音，原始意義不明，漢人譯為「老梅」。是北海岸的濱海聚落，早期居民除種田耕地之外，也以牽罟方式捕魚。牽罟是以協力方式將漁網拉上岸的一種古老捕魚方式。

▲ 老梅社區彩繪屋牆

▲ 老梅社區傳統柑仔店

【景點 Highlight】

老梅社區：老梅社區為典型濱海漁村，巷弄彎曲，以避海風直入。近年來，以社區彩繪美化社區，遊客漫步其間，古厝與新厝並存老街，也有傳統的柑仔店，洋溢著漁村風情。凌虛宮，主祀三官大帝，是老梅主要的廟宇。老梅派出所的庭園有一棵大榕樹，也值得一看。

老梅綠石槽：老梅最著名的景觀。大屯火山爆發遺留的火山礁岩，長期被海水侵蝕，形成長條狀的溝狀礁岩。老梅綠石槽是季節限定的美景，約出現於每年3月中旬至5月上旬，海藻將石槽染成如綠地毯，特別以清明節期間最美，吸引大批遊客造訪。

▲ 老梅綠石槽

老梅沙灘：位於綠石槽的西側，是老梅海岸難得的一片細沙海灘，附近有一條海濱棧道，銜接富貴角步道，通往富貴角燈塔、富基漁港，亦可繞往富貴角公園。富貴角公園舊稱「老梅公園」，以風剪樹景觀著稱，原本應是挺直生長的榕樹，順著風勢，歪斜橫生，形成風剪樹的奇特景觀。附近設有老梅迷宮，是一處適合小朋友的遊戲場地。

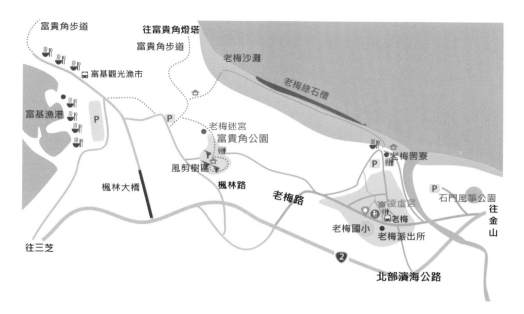

交通資訊

【自行開車】地圖衛星導航輸入「老梅綠石槽」，即可抵達目的地。步道入口設有收費停車場。（計次收費：目前平日50元、假日80元）。

【大眾運輸】搭乘公車862、863、865、867、892、F151、F152、F161至老梅站（老梅派出所旁）。

附近景點

富貴角步道、富基漁港、麟山鼻步道、白沙灣、白沙灣神祕湖步道。

旅行建議

建議散步路線：老梅社區→老梅綠石槽→老梅沙灘→富貴角燈塔（原路折返）→老梅迷宮→富貴角公園風剪樹區→老梅路→老梅社區（環繞一圈約2小時，含休息）。

▲ 老梅沙灘

▲ 老梅迷宮

143

淺水灣後厝海岸
新完工的三芝海上水藍波浪平台

淺水灣海濱戲水玩樂
海上平台眺覽夕陽美

　　淺水灣，位於三芝後厝里，清乾隆時期同安籍移民進入本區開墾，因聚落位於番社之後，故名「後厝」。後厝設有後厝漁港，為小型漁港。淺水灣舊名「後厝海岸」，從日治時代就是三芝著名的景點。

▲ 三芝淺水灣

▲ 三芝海上平台

【景點 *Highlight*】

三芝海上平台： 位於後厝漁港的西南側芝蘭公園海岸。芝蘭公園原建有「芝蘭公園海上觀景平台」，因長期受到海水侵蝕而毀損拆除，2021年重建完成，命名為「三芝海上平台」，由岸邊延伸出57公尺長的水藍色波浪長廊，盡頭處的觀景平台有「閃亮婚戒裝置藝術」，配合夕陽美景，成為浪漫的約會景點。

▲ 淺水灣海濱公園

淺水灣海濱公園： 位於芝蘭公園的南側，與芝蘭公園有河堤步道相連。長達數百公尺的沙灘可以戲水，沿著海岸，設有寬闊的步道，有各具特色的休閒餐廳，遊客可以閒坐室內用餐看風景或坐在戶外雅座享受海風，聆聽浪濤，或走到海灘嬉戲，是一處很適合闔家出遊的景點。

淺水灣藻礁海岸： 在淺水灣海灘的西側，有一片藻礁海岸，許多潮間帶生物活動其間。淺水灣，不僅適合戲水，也可以在退潮時，漫步藻礁海岸，觀賞潮間帶的自然生態。

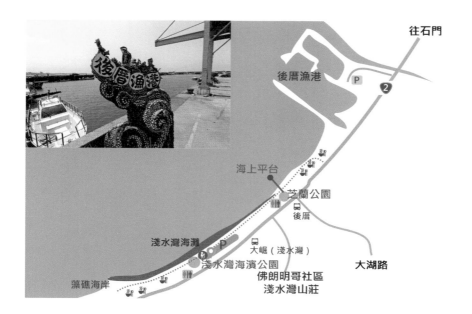

往石門

後厝漁港

海上平台

芝蘭公園

後厝

淺水灣海灘

大堀（淺水灣）

淺水灣海濱公園

大湖路

佛朗明哥社區
淺水灣山莊

藻礁海岸

交通資訊

【自行開車】地圖衛星導航輸入「淺水灣停車場」，即可導航至淺水灣海濱公園。公園設有收費停車場。

【大眾運輸】搭乘公車821、860、862、863、864、865、667、874、879、882至大堀（淺水灣）站。

附近景點

雙灣自行車道、馬偕珍愛森林療癒步道、三芝三生步道、白沙灣。

旅行建議

淺水灣海濱公園設有YouBike自行車租車站，亦可租騎自行車遊覽雙灣自行車道（白沙灣～淺水灣）。

▲ 淺水灣藻礁海岸

▲ 三芝海上平台，越夜越美麗

145

山佳老街

彩繪老街 大豐煤礦 道山宮觀景平台

山佳百年車站好典雅
鐵道地景公園真精彩

　　山佳，舊稱「山仔腳」，因為於大棟山的山腳下而得名，後來改名為「山佳」。山佳因開採煤礦而繁榮，日治時代明治三十六年（1903）為了配合煤炭運輸而設立「山仔腳驛」，即今日的山佳車站。

▲ 山佳老街彩繪屋

▲ 舊山佳車站

【景點 *Highlight*】

舊山佳車站：興建於日治昭和三年（1928），為配合車站遷移至現址而新建的車站，屋頂採「切角頂」特殊工法，兩端各立三個鴟吻，四周為洗石子廊柱與木造屋簷，現為新北市市定古蹟。

山佳老街：車站旁沿著鐵道，長約300公尺的山佳街，有「山佳彩繪街」之稱，老街屋牆有農村早期生活的3D彩繪壁畫；也設有鐵道地景公園，以鐵道為主題，有鐵道彩繪，展示老火車頭、戶外藝術裝置、公仔等景觀。

道山宮觀景平台：位於後火車站吉祥街的高處，祀奉福德正神。廟前設有一座觀景平台，是眺覽山佳市區風景好地點，是較少遊客知道的一處山佳祕境景點。

大豐1號坑、2號坑：大豐煤礦是山佳地區早期重要的礦坑，礦場收坑後，礦坑荒廢。近年來經過整治維護，以提供遊客緬懷地方礦業的歷史。大豐1號坑位於中和街2巷巷底；大豐2號坑，舊稱「蓋淡坑」，開採於清朝同治年間，後因礦權轉賣而改名為大豐2號坑，曾經是山佳地區產量最多的礦坑。

▲ 道山宮觀景平台

蓋淡坑大豐2號坑
往大棟山
萬壽山護國吉祥寺
永通福德宮
大板根
德和街
陳家古厝
道山宮
中山路三段
後村圳
大豐1號坑
夫妻樹
吉祥街
山佳鐵道地景公園
信和街49巷
信和街
中和街
2巷
山佳車站
山佳街彩繪屋
山佳
中佳路
山佳觀音廟
山佳
地政街
鹿角溪公園
中洲街
信和街
地政街14巷
山仔腳公園
佳園路一段41巷
育德國小
育德街
佳園路一段75巷
中山路三段
佳園路一段
八德街
柑園生態河濱公園
大漢溪

交通資訊

【自行開車】地圖衛星導航輸入「山佳鐵道地景公園」或「山佳火車站」，山佳鐵道地景公園附近中山路三段路邊設有收費停車格。

【大眾運輸】搭乘台鐵至山佳車站。或搭乘公車702、802、847、852、885、889至山佳站。

附近景點

鹿角溪公園、大棟山、大漢溪自行車道、鶯歌老街。

旅行建議

建議遊覽路線：山佳車站→山佳老街→山佳地景公園（原路折返）→山佳車站→道山宮→大豐1號坑→夫妻樹→永通福德宮大板根→大豐2號坑→山佳車站（約2～2.5小時）。

▲ 大豐1號坑

▲ 山佳鐵道地景公園

鶯歌老街
台灣的景德鎮 尖山埔陶瓷老街

東鶯故事小徑賴婆窯
尖山埔老街陶瓷古窯

　　鶯歌，舊稱「鶯歌石」，源自於小鎮北面的山嶺有一似鸚哥的岩石，後來簡化為「鶯歌」。鶯歌為台灣陶瓷的生產重鎮，有「台灣景德鎮」的美譽。鶯歌街道巷弄之間，有濃郁的陶業歷史人文風華。

▲ 東鶯故事小徑

▲ 尖山埔陶瓷老街

【景點 Highlight】

東鶯故事小徑：位於鶯歌火車站文化路出口的對面巷弄裡。文化路曾是早期鶯歌火車站的前站，市街熱鬧。沿著「東鶯故事小徑」散步，紅磚舊牆展示鶯歌老照片，途中有賴婆烘爐窯、挑陶小徑、古厝老樹，還有市定古蹟汪洋居。其中的賴婆烘爐四角磚窯廠仍保存古老的紅磚窯廠及磚窯煙囪。黑色爐窯煙囪被樹枝樹葉攀附，充滿歲月滄桑之感。

▲ 人行陸橋通往尖山埔老街

尖山埔老街：是著名的鶯歌陶瓷老街。清朝嘉慶年間（1796～1820），福建泉州人吳鞍來台，發現鶯歌尖山附近所產黏土適於陶瓷，在尖山埔開窯製造，為鶯歌陶瓷產業的先河。

　　近年來陶瓷老街由尖山埔路擴及鄰旁的育英街、陶瓷街、重慶街，老街形成區塊區域。鶯歌陶瓷博物館、鶯歌老街陶館、鶯歌光點美學館等展館紛紛設立，歷史建築鶯歌國小舊校舍、老屋改裝的星巴克鶯歌門市、傳統的古早窯，都吸引遊客流連。縱貫線鐵道就從尖山埔老街旁通過，跨越鐵道的陸橋是觀看及拍攝火車的最佳地點。

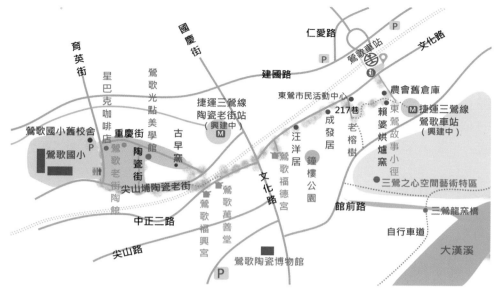

仁愛路　　　文化路

國慶街

育英街

星巴克咖啡店

鶯歌光點美學館

鶯歌車站

捷運三鶯線陶瓷老街站（興建中）Ⓜ

P

P

建國路

東鶯市民活動中心

217巷

成發居

老榕樹

汪洋居

鶯歌福德宮

鐘樓公園

農會舊倉庫

賴婆烘爐窯

東鶯故事小徑

捷運三鶯線鶯歌車站（興建中）Ⓜ

三鶯之心空間藝術特區

三鶯龍窯橋

自行車道

大漢溪

鶯歌國小舊校舍

鶯歌國小　P

重慶街

陶瓷街

鶯歌老街陶館

尖山埔陶瓷老街

古早窯

文化路

館前路

中正二路

尖山路

鶯歌萬善堂

鶯歌福興宮

鶯歌陶瓷博物館　P

交通 資訊

【自行開車】地圖衛星導航輸入「鶯歌火車站」或「鶯歌國小停車場」（視個人選擇的旅行目的地而定），鶯歌火車站附近設有收費停車場。

【大眾運輸】建議搭乘台鐵至鶯歌車站。或搭乘公車702、851、917、939副線、981、5001、5005、5101至鶯歌火車站。

附近 景點

鶯歌石登山步道、孫龍步道、大鶯自行車道。

旅行 建議

建議遊覽路線：鶯歌車站文化路出口→東鶯故事小徑→汪洋居→鶯歌福德宮→鶯歌萬善堂→陸橋看火車→尖山埔陶瓷老街→鶯歌國小舊校舍→鶯歌光點美學館→古早窯→鶯歌車站
（註：捷運三鶯線完工後，可搭乘捷運至鶯歌車站或陶瓷老街站，交通更為便利）

▲ 老屋改裝的星巴克咖啡店

▲ 古早窯（重慶街）

149

太平濱海步道
昔日古道蛻變成健行踏青路線

太平嶺南灣頭保甲路
居高臨下遠眺海藍天

　　太平嶺，位於林口太平里，昔日設有「大平嶺庄」，地名可能源自先民入墾林口台地，見山嶺平坦，而稱「大平嶺」。昔日太平嶺有保甲路通往山腳海濱的南灣頭聚落。

▲ 太平濱海步道入口（太平嶺）

▲ 太平濱海步道

【景點 Highlight】

太平濱海步道：又稱「南灣頭太平濱海懷舊步道」，昔日是太平嶺與南灣頭之間的保甲路。近年來在八里垃圾焚化廠回饋地方的建設補助下，鋪設了完善的石階步道，環狀一圈約4公里，是條兼有山海美景與古道風情的休閒步道。

廢棄碉堡：位於步道約0.5公里處，設有休息座椅，過此之後，太平濱海步道轉為石階下坡路，這時出現山海之景，遠處山腳下的八里垃圾焚化廠高高的大煙囪及海岸的「世紀離岸風力發電」的高大廠房是最明顯的地標。

觀景平台：步道沿途有多個觀景平台，崙頂王宅古厝岔路口附近的景觀平台風景最美。王宅古厝位於太平濱海步道8字形環狀步道的中心點，有土埆厝及埤塘景觀。

南灣頭：太平濱海步道的終點。南灣頭因位居附近海岸大、小南灣的頂部而得名。聚落以黃家古厝最為著名。附近海岸有南灣頭濱海步道，亦可以順遊。

▲ 觀景平台

南灣頭濱海步道　往八里

西部濱海快速公路

往桃園

汕頭

暗光坑

太平市民活動中心　3號入口

八里焚化廠

2號入口　黃家古厝

喜普濟寺

觀景平台

觀景平台

崙頂王宅

太平濱海步道

廢棄碉堡

北79

3K　1號入口
裕章工程有限公司
往雙叉路口

▲ 八里焚化廠煙囪

▲ 廢棄的碉堡

交通資訊

【自行開車】地圖衛星導航輸入「新北市林口區裕章工程有限公司」，從公司旁的巷子進去即抵達太平濱海步道 1 號入口，旁邊空地停車。

【大眾運輸】從林口長庚醫院搭乘F235至雙叉路口站，步行約400公尺至步道入口。

附近景點

林口森林步道、竹林山觀音寺。

旅行建議

建議步行路線如下：太平嶺登山口（1號入口）→20分鐘→崙頂王宅古厝→25分鐘→南灣頭登山口（2號入口）→10分鐘→南灣頭登山口（3號入口）→25分鐘→崙頂王宅叉路口→20分鐘→太平嶺登山口（1號入口），來回一圈約2小時。（註：崙頂王宅為私人土地，通行時應取得住戶同意，請勿擅闖通行。）

▲ 太平濱海步道

▲ 太平濱海步道南灣頭2號入口

插角大豹大板根
大板根森林 大豹溪風光 東眼瀑布

插角聚落訪大豹吊橋
觀景平台看東眼瀑布

　　插角，舊稱「大豹」，昔日是泰雅族大豹社的居地。日治時期「大豹社事件」之後，大豹社遷往桃園角板山，三井合名會社進駐，伐樟製腦產業發達。1920年代，樟腦產業逐漸式微，三井合名會社轉而發展茶業，曾設立了當時東亞最大的製茶廠——大豹茶場。

▲ 插角聚落

▲ 大豹吊橋

【景點 Highlight】

大板根森林溫泉酒店：日治時代的大豹製茶工場，原址就是今日的大板根森林溫泉酒店。溫泉酒店內設有「大板根茶業歷史文物館」，展示茶廠歷史文物。園區擁有台灣低海拔原生亞熱帶雨林，以大板根著名，建有森林浴步道。

大豹吊橋：從大板根森林溫泉酒店對面的巷道進入插角聚落，小巷穿過聚落，沿途有磚牆老屋，步行數分鐘即抵達大豹吊橋。大豹吊橋跨越大豹溪。過吊橋

▲ 大板根森林步道的大板根樹

之後，爬上石階，抵達東眼產業道路，經東眼橋，即可繞回到插角聚落。

東眼瀑布：位於東眼橋上游約100公尺處，須溯溪才能抵達。東眼橋下的大豹溪溪谷，假日時常有許多遊客來此戲水。不過大豹溪溪谷屬於無人管理水域。應特別注意山區天氣變化，以免發生危險。

東眼瀑布觀景台：位於東眼瀑布對岸的北114縣馬路旁。遊客不必冒險涉溪，可以坐憩觀景台，從遠處觀看東眼瀑布及大豹溪風光。

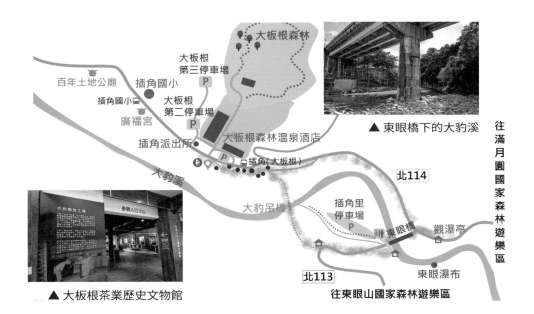

▲ 東眼橋下的大豹溪

▲ 大板根茶業歷史文物館

往東眼山國家森林遊樂區

交通資訊

【自行開車】地圖衛星導航輸入「大板根森林溫泉酒店」，即可抵達目的地。大板根森林溫泉酒店第二停車場目前非假日不收費。

【大眾運輸】從三峽國小或三峽老街搭乘公車807至插角（大板根）站。每週五六日及國定例假日，從捷運景安站及永寧站有幸福森之湯至大板根。

附近景點

滿月圓國家森林遊樂區、湊合十八洞天、三峽老街。

旅行建議

推薦大豹溪環狀散步路線如下：大板根森林溫泉酒店→8分鐘→大豹吊橋→10分鐘→東眼橋（往橋下溪谷約3分鐘）→20分鐘→大板根森林溫泉酒店，路程時間約1小時。

▲ 步道通往大豹吊橋

▲ 東眼瀑布觀景台

153

宜蘭
Yilan

小村×步道

外澳海灘
烏石港北岸美麗海灘 衝浪新勝地

綿延沙灘衝浪戲水樂
夕陽漫步眺望龜山美

外澳,因位於烏石港外緣的灣澳,因而得名。日治時代設有港澳庄,因此外澳又稱「港澳」。烏石港擴建後,海沙流向烏石港以北的外澳,使得位於烏石港以南的頭城海水浴場沙灘規模日益縮減,而外澳海灘成為海邊戲水的新天堂。

▲ 遠眺外澳海灘

【景點 Highlight】

外澳海灘:擁有長達1.5公里的綿延細沙海灘,許多業者在海灘租售衝浪板及提供衝浪教學。遊客可以從烏石港的北堤或從外澳服務區進入外澳海灘。外澳海灘面向龜山島,夏日黃昏時,氣溫下降,海風送涼,漫步海灘,欣賞夕陽餘暉照映龜山島,最是美麗浪漫時分。

外澳服務區:位於濱海路二段6號,鮮黃色的特殊建築,呈現飛行傘、船隻等多重意象,高挑玻璃帷幕的餐廳,提供餐飲服務。服務區也設有沖洗及衛浴服務,以提供來沙灘戲水的遊客使用。

▲ 外澳服務區

▲ 外澳海灘與龜山島

交通資訊

【自行開車】
地圖衛星導航輸入「外澳海灘」，即可抵達外澳服務區。外澳服務區旁設有收費停車場。

【大眾運輸】
從礁溪轉運站搭乘公車131、綠19台灣好行東北角海岸線至東北角海岸外澳站。

附近景點

烏石港、蘭陽博物館、伯朗咖啡頭城城堡咖啡館、頭城老街。

旅行建議

建議可以順道遊覽烏石港及頭城老街。烏石港是前往龜山島賞鯨船的遊艇碼頭，附近設有餐廳街。頭城老街有不少人文景點。

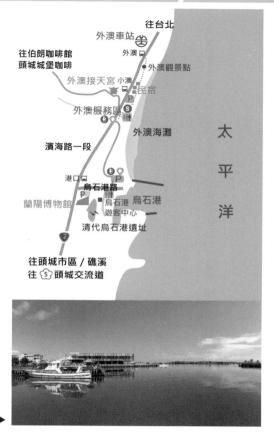

烏石港 ▶

外澳海堤步道：位於從外澳服務區往北至外澳社區活動中心之間的海堤，長約1公里，外澳的民宿多集中於這條步道旁，擁有美麗的海景視野。步道途中有廢棄的軍營崗哨改設的遊客休憩站，也設有涼亭坐椅。步道終點可望見不遠處的海岸有一棟白色的阿拉伯宮殿式建築，是有「小白宮」之稱的榮梓博物館，屬於私人招待所，未開放遊客參觀。

蘭陽博物館：座落於烏石港，三角錐狀的建築樣式，宛如一座單面山，以20度角斜插入舊烏石港濕地，是宜蘭最知名的博物館。

157

▲ 外澳海堤步道

▲ 蘭陽博物館

頭城老街
噶瑪蘭第一街 頭圍老街風華

頭城老街古廟老屋多
文創園區日式宿舍雅

　　頭城，又稱「頭圍」，是清代漢人拓墾噶瑪蘭最早建立的聚落。頭城老街有「宜蘭第一街」的美譽，位於北門福德祠與南門福德祠之間的和平街，長約0.5公里，就是著名的頭城老街，歷史悠久的老街，保存許多人文遺跡，值得細細遊逛觀賞。

▲ 南門福德祠、陳春記商號

▲ 北門福德祠

【景點 *Highlight*】

頭城老街：從北門福德祠出發，沿著和平街散步，沿途人文景點包括：北門福德祠、頭城十三行、盧纘祥故居、頭圍港遺跡、林本源租館、吳朝陽宅、新長興樹記、老紅長興、頭城慶元宮（開蘭媽祖）、文學巷、藝術巷、源合成商號、陳春記商號，然後抵達南門福德祠。老街的建築，從清代傳統街屋至日治時期巴洛克建築，豐富而多元，而各個人文景點都設有導覽文字，讓遊客認識古蹟的歷史與特色。

頭城文創園區：位於頭城火車站旁，原為鐵路局日式舊宿舍，重新改造為頭城文創園區，委外經營，設有餐廳、文創商店、文史展示空間，散發濃烈的日式懷舊氛圍，成為熱門拍照打卡景點。

頭城鎮史館：位於開蘭舊路4號，原為日治時期頭城公學校校長宿舍，純日式的木造建築，現在已規劃為「李榮春紀念館」。李榮春（1914～1994），宜蘭頭城人，畢業於頭城公學校，為宜蘭知名作家。

▲ 盧纘祥故居

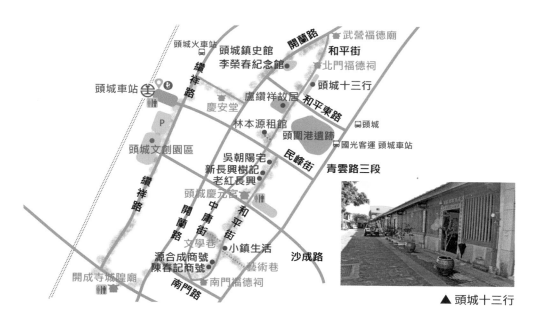

▲ 頭城十三行

交通資訊

【自行開車】地圖衛星導航輸入「纘祥路收費停車場」（頭城火車站旁），再步行前往頭城老街。

【大眾運輸】搭乘台鐵宜蘭線至頭城車站；或搭乘國光客運1740、1766、1767、1811、紅1、綠19台灣好行東北角海岸線至頭城站。

附近景點

烏石港、蘭陽博物館、外澳海灘、猴洞坑瀑布、礁溪溫泉。

旅行建議

建議悠遊路線：頭城車站→慶安堂→李榮春紀念館→北門福德祠→頭城老街→南門福德祠→開成寺城隍廟→頭城文創園區→頭城車站，步行距離約1.5公里。

▲ 頭圍港遺跡

▲ 頭城文創園區

猴洞坑瀑布
5分鐘可以輕鬆抵達的瀑布美景

猴洞坑瀑布陡梯觀瀑
猴洞坑溪步道賞櫻花

　　猴洞坑，位於礁溪白雲村白石腳，又稱「圳頭」，傳說早期坑谷有許多獼猴棲息而得名。此地因山崖白石裸露，聚落位於山腳下，因此稱為「白石腳」。猴洞坑溪為境內主要河川。

▲ 猴洞坑瀑布

▲ 猴洞坑瀑布步道

【景點 *Highlight*】

猴洞坑瀑布：猴洞坑溪沿途有多處瀑布，其中以猴洞坑瀑布最為知名，瀑布高達30公尺，分為上下兩層，極為壯觀。從白石腳路南興宮旁進入，步行約5分鐘即可抵瀑布區。瀑布旁的斜壁，建有一條一百七十級的陡峭石階通往瀑布頂。瀑布頂的溪谷可以戲水，亦可遠眺頭城附近的平原及海岸線。更往上游則巨石錯落，崎嶇難行。

▲ 猴洞坑溪步道

猴洞圳：猴洞圳建於1917年，從猴洞坑瀑布附近引猴洞坑溪進入水圳，以灌溉下游的農田。從「猴洞勝景」石碑附近的洗衫亭沿著猴洞圳而行，即可看見水圳旁古樸的百年石砌駁坎。

猴洞坑溪步道：沿著猴洞坑溪的河堤，長約0.8公里，鋪設石板或卵石，沿途栽種各式花木，如櫻花、馬櫻丹、樹蘭及各種蜜源植物。步道入口在北宜公路猴洞橋附近的高速公路橋墩下。由此進入，步行約15分鐘即可抵達猴洞坑瀑布。

猴洞坑溪自行車道：位於猴洞橋與二圍橋之間的猴洞坑溪兩側河岸，二圍橋附近有一座景觀橋，環狀來回約1.4公里，也是一條休閒步道。

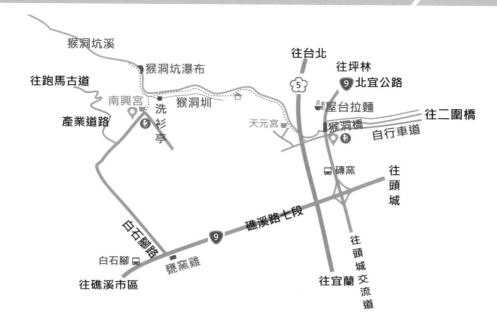

交通資訊

【自行開車】地圖衛星導航輸入「宜蘭縣礁溪鄉猴洞坑瀑布」，即可抵達目的地，路旁空地停車。

【大眾運輸】從礁溪轉運站搭乘公車131、假日紅1、國光客運1740、1766至白石腳站，步行約850公尺（約10～15分鐘）至步道入口（南興宮）。

附近景點

跑馬古道、礁溪溫泉公園、湯圍溝公園、跑馬古道公園。

旅行建議

建議散步路線：南興宮→5分鐘→猴洞坑瀑布→6分鐘→石階步道終點（瀑布頂溪谷，原路折返）→15分鐘→河堤步道入口（橋墩下）→15分鐘→南興宮。

▲ 猴洞坑溪上游溪谷

▲ 猴洞坑瀑布步道與猴洞圳

湯圍溝
湯圍溝跑馬古道公園越夜越美麗

礁溪湯圍溝溫泉泡腳
跑馬古道公園夜光雕

　　礁溪，古稱「湯圍」，開發於清代嘉慶初年，湯是指溫泉，圍是指武裝拓墾據點。因此地溪谷少水，容易形成乾溪，閩南語「乾溪」與「礁溪」同音，因而寫為「礁溪」。礁溪為台灣著名溫泉鄉。

▲ 湯圍溝公園

▲ 湯圍溝公園溫泉季花燈

【景點 *Highlight*】

湯圍溝溫泉公園：罕見的平地溫泉，早期居民稱這條溫泉形成的溪溝為「燒水溝」，設有公共浴池。後來整治規劃為湯圍溝溫泉公園，設有日式的溫泉浴池「湯圍風呂」。公園內也有免費的泡腳池，及布置小橋、涼亭、步道等庭園遊憩設施。

▲ 跑馬古道公園

礁溪溫泉公園：原名「礁溪公園」，設有旅客服務中心及免費溫泉泡腳池，公園內的「森林風呂」，引溫泉為水流，小橋亭台點綴其間，步道環繞於園內綠蔭林間。園景典雅，環境清幽。「森林風呂」為委外經營的裸湯溫泉浴池。

礁溪地景廣場：距離礁溪火車站約300公尺的中山路二段，廣場設置四座涼亭泡腳池，提供遊客免費體驗溫泉。

跑馬古道公園：位於湯圍溝溫泉公園附近的德陽路上，前身為陸軍明德訓練班的南北兩座營區，現已規劃為礁溪市區最大的公園。跑馬古道公園夜晚有音樂光雕展演──「山光脈動」夜間劇場，透過音樂、燈光，以投影方式，將礁溪的生態環境與跑馬古道的歷史人文連結在一起，成為礁溪夜遊的好去處。

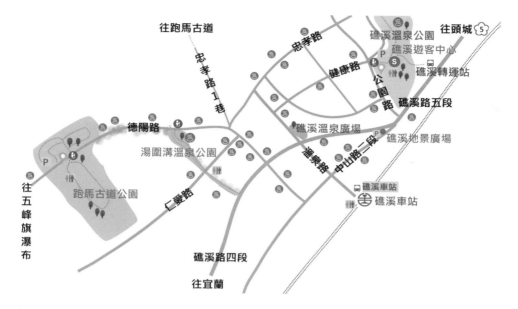

往跑馬古道
忠孝路
礁溪溫泉公園
往頭城⑤
忠孝路1巷
健康路
礁溪遊客中心
德陽路
公園
礁溪轉運站
湯圍溝溫泉公園
礁溪溫泉廣場
礁溪路五段
往五峰旗瀑布
跑馬古道公園
仁愛路
溫泉路 中山路二段
礁溪地景廣場
礁溪車站
礁溪車站
礁溪路四段
往宜蘭

交通資訊

【自行開車】地圖衛星導航輸入「跑馬古道公園」（礁溪德陽路179號），即可抵達目的地。公園設有小型免費停車場。

【大眾運輸】從礁溪轉運站搭乘公車112、191至湯圍溝站；或從礁溪轉運站或礁溪車站搭台灣好行礁溪線（A線、B線）至湯圍溝站。

附近景點

五峰旗風景區、跑馬古道、猴洞坑瀑布。

旅行建議

礁溪溫泉區的湯圍溝溫泉公園、礁溪溫泉公園、礁溪地景廣場都有免費泡腳池設施，亦有許多湯屋及溫泉飯店提供泡溫泉浴設施。

▲ 跑馬古道公園大草坪

▲ 礁溪溫泉公園

163

五峰旗瀑布
礁溪最著名的瀑布風景區

西峰爽氣五峰旗瀑布
聖母山莊眺覽蘭陽美

　　五峰旗地名的由來，《噶瑪蘭廳志》記：「……以形得名，五峰排列，如豎旗幟……」。或說清嘉慶初年，漢人入墾噶瑪蘭，分地拓墾，以「旗」為單位，劃分區域，此地因有五峰並排相連，故名「五峰旗」。

▲ 五峰旗瀑布步道入口

▲ 五峰旗瀑布（中層瀑布）

【景點 *Highlight*】

五峰旗瀑布： 礁溪最有名的瀑布，位於五峰旗風景區內得子口溪的支流，溪流從五峰山區奔流而下，遇連續斷崖而形成三座瀑布。最下層瀑布規模較小；中層瀑布高約六、七層樓，瀑水由崖頂奔馳而下，氣勢壯觀，被列為蘭陽八景之一，名曰「西峰爽氣」。最上層瀑布須上爬約400公尺石階路才能抵達。瀑水之規模，為三座瀑布之最。

▲ 五峰旗瀑布（上層瀑布）

五峰旗聖母朝聖地： 座落於五峰旗風景區附近，園內有天壇造型的天主堂。聖母朝聖地的地理位置極佳，背倚五峰旗層巒山峰，俯臨蘭陽平原。聖地環境清雅，靜謐肅穆，濃郁的宗教氣氛，來至此地，心情也變為舒緩平和。

164

聖母山莊國家步道： 五峰旗聖母朝聖地是聖母山莊國家步道的入口，約須步行3.7公里的林道才能抵達聖母山莊國家步道的登山口——通天橋，步行時間約80分鐘。一般遊客可以步行這段林道，享受森林浴，至通天橋折返。

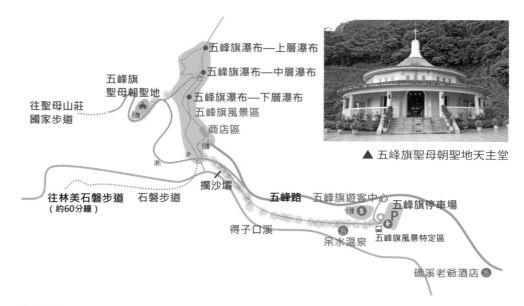

▲ 五峰旗聖母朝聖地天主堂

交通資訊

【自行開車】地圖衛星導航輸入「五峰旗停車場」，即可抵達目的地。從停車場步行溪岸步
　　　　　　道約15分鐘，抵達五峰旗風景區。

【大眾運輸】搭乘台鐵至礁溪車站或搭乘葛瑪蘭客運至礁溪轉運站，再轉乘台灣好行礁溪線
　　　　　　至五峰旗風景特定區站（約30分鐘一班）。

附近景點

跑馬古道、石磐步道、湯圍溝溫泉公園、跑馬古道公園、礁溪溫泉公園、礁溪協天廟。

旅行建議

順道遊覽聖母朝聖地，亦可繼續步行林道至通天橋（設有公廁及涼亭），然後原路折返。通
天橋為聖母山莊國家步道入口，往聖母山莊約1.6公里，步道較為陡峭，約須登爬1.5小時才能
抵達聖母山莊，須衡量自身體力及往返時間，切勿貿然前往。

▲ 五峰旗聖母朝聖地

▲ 通天橋——聖母山莊國家步道入口

林美石磐步道
亞熱帶森林溪流景觀 最佳森林浴

林美草湳湖水岸棧道
石磐瀑布森林芬多精

　　林美石磐步道為礁溪網美級的自然步道，有「宜蘭小太魯閣」之稱，親山又親水，一次享受森林芬多精和瀑布負離子。步道入口位於礁溪高爾夫球場附近的林美路路旁。

▲ 林美石磐步道入口

▲ 林美石磐步道、得子口溪

【景點 *Highlight*】

草湳湖：從林美石磐步道入口沿著礁溪高爾夫球場的外圍旁碎石路，步行約400公尺，抵達草湳湖。湖岸設有棧道及觀景平台，供遊客觀賞草湳湖的景色。

林美石磐步道：步道長約1.8公里，沿著得子口溪的兩岸環繞一圈，屬於亞熱帶森林溪流風貌。上游溪谷漸漸狹窄，險峻的山壁架設棧道，以供遊客通行。溪岸有日治時代的水圳遺跡。步道後段出現峽谷地形，溪床落差變為劇烈，出現連續小瀑布。登上高架階梯之後，抵達觀瀑平台。

石磐瀑布：高約十幾公尺，就在觀瀑平台旁。瀑布的峭壁是堅硬的砂岩，上游的溪岸有一塊四稜砂岩，是「石磐」名稱的由來。上游有一座小木橋越過溪流，再從對岸山腰步道繞回林美石磐步道的入口。

石磐步道：林美石磐步道入口旁有一條山徑，通往下游的五峰旗瀑布風景區，是昔日的林道，步行約1個小時路程，即抵達五峰旗瀑布風景區。

▲ 石磐瀑布

交通資訊

【自行開車】地圖衛星導航輸入「林美石磐步道」，即可抵達目的地，路旁空地停車。

【大眾運輸】從礁溪轉運站或礁溪車站搭乘台灣好行礁溪線（A線、B線）至林美石磐步道站。

附近景點

五峰旗瀑布、湯圍溝溫泉公園、跑馬古道公園、礁溪協天廟。

旅行建議

林美石磐步道為大眾化踏青路線，僅一小部分路段有起伏。另有一條石磐步道通往五峰旗風景區，為昔日的林道，路況不如林美石磐步道，沿途無正式指標，如不熟悉路況，建議勿貿然進入。

▲ 草湳陂高架棧道

▲ 林美石磐步道小木橋

龍潭湖

龍潭湖畔悠活園區 環湖步道

水上棧道平台賞湖景
湖畔茵茵草地望山青

　　龍潭湖，舊稱「大陂」，為昔日大陂庄重要的灌溉水源。由於面積廣達17公頃，青山環抱，湖面遼闊，風景秀麗，宜蘭縣政府設立「龍潭湖風景區」。近年來陸續增設湖岸步道，設施更為完善。

▲ 龍潭湖

【景點 *Highlight*】

龍潭湖環湖步道：長約2.8公里，建議右去左回，以逆時針方向遊覽龍潭湖。福德宮旁有水圳口，設有水閘機關，引湖水為水圳，灌溉附近的農田。由福德宮起，環湖步道沿湖而行，湖有魚兒悠游，時見水鳥飛翔或水上覓食。

鯝魚生態園區：圓吻鯝魚為台灣原生魚種，一度絕跡，後來在龍潭湖發現蹤跡，因此設立鯝魚生態園區。每年端午節前後，有機會看見成群的鯝魚溯溪洄游產卵的特殊自然景觀。園區位於碧光驛棧與寂光寺之間的水域，設有水上高架的觀魚通道，提供遊客近距離觀賞湖中的圓吻鯝魚。

▲ 龍潭湖環湖步道

▲ 龍潭湖鯝魚生態園區觀魚通道

交通資訊

【自行開車】
地圖衛星導航輸入「龍潭湖風景區小客車停車場」，即可導航至龍潭湖風景區。

【大眾運輸】
宜蘭轉運站搭乘綠15公車（週六、週日行駛），或從宜蘭轉運站搭乘公車1783至龍潭湖站。

附近景點

潭孝天地觀光工廠、橘之鄉蜜餞形象館、亞典菓子工場、宜蘭忍者村。

旅行建議

龍潭湖風景區有商家提供自行車出租，亦可租騎自行車遊湖。龍潭湖附近也有許多觀光工廠，遊客可依個人興趣選擇參觀。

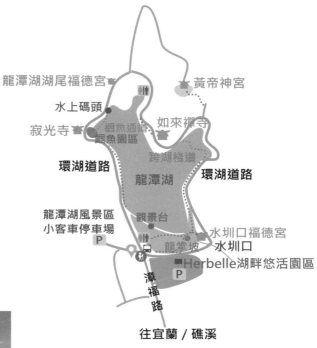

龍潭湖湖尾福德宮　黃帝神宮
水上碼頭
寂光寺　觀魚通道　如來禪寺
鯉魚園區
跨湖棧道
環湖道路　龍潭湖　環湖道路
龍潭湖風景區
小客車停車場　觀景台　水圳口福德宮
龍掌坡　水圳口
Herbelle湖畔悠活園區
潭福路
往宜蘭／礁溪

◀ Herbelle龍潭湖畔悠活園區

Herbelle龍潭湖畔悠活園區：台化礁溪廠區宜蘭礁溪廠位於龍潭湖湖畔，近年來以閒置廠區轉型為Herbelle龍潭湖畔悠活園區，以76個純白貨櫃組成全台最大貨櫃屋建築，提供室內外餐飲及文創農產商品，也為龍潭湖風景區更添旅遊魅力。

▲ 新完工的水上觀景棧道

▲ Herbelle龍潭湖畔悠活園區

169

員山公園

忠烈祠神社遺跡　落羽松生態池塘

員山公園神社遺跡
環山步道輕鬆悠遊

　　員山，因附近有一圓形小山丘而得名，日治時代員山山麓建有宜蘭神社，即今宜蘭縣忠烈祠，山腳下曾安置榮民而興建眷村，民國85年遷建眷村，原址規劃為員山公園。

▲ 員山公園

▲ 忠烈祠參道（原宜蘭神社參道）

【景點 *Highlight*】

員山公園：面積4.67公頃，園內小橋流水、生態池、落羽松，環境怡雅，有展演台、兒童遊憩區等設施及宜蘭縣忠烈祠。忠烈祠位於山丘，是日治時代的宜蘭神社遺址。近年來重塑昔日宜蘭神社的空間意境，忠烈祠左右兩側有新搭建的廊道，展示昔日宜蘭神社的相關史料。

▲ 員山公園生態池及落羽松

員山觀景台：忠烈祠旁步道爬向員山山頂的觀景台，可以眺望蘭陽平原。觀景台刻有二百年前清代台灣知府楊廷理當年登員山所作之詩《登員山》：「莫訝員山小，龜山許並肩。千尋壓海浪，一撮鎖溪煙。蜉際真隨地，安排本任天。披荊舒倦眼，吟望好平田。」

環山步道：員山山麓設有環山步道，環繞忠烈祠所在的山丘，環行一圈約15～20分鐘，途中經過員山配水池，為日治時代1932年興建的自來水設施，未開放參觀，附近步道旁有一棵老樟樹及大板根樹。

員山河堤自行車道：環山步道有石階步道銜接員山河堤自行車道。河堤自行車道也是人行步道，沿途視野開闊，是休閒散步的好去處。

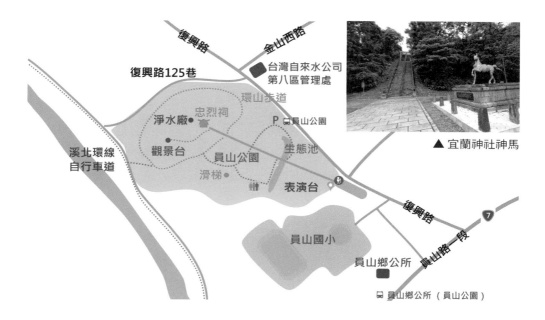

▲ 宜蘭神社神馬

交通資訊

【自行開車】地圖衛星導航輸入「宜蘭縣員山鄉員山公園」，即可導航至目的地。員山公園設有停車場（目前免費停車）。

【大眾運輸】從宜蘭轉運站搭乘公車752、753、1744、1751、1785、綠12至員山公園站。

附近景點

員山河堤步道、員山機堡、思源機堡、螃蟹冒泡、內城社區鐵牛力阿卡。

旅行建議

建議順道遊覽員山河堤自行車道，隨個人時間，走至盡興，然後折返。步行2公里至永金二號橋，附近有思源機堡，為二次大戰期間日軍神風特攻隊機堡。距離員山公園約0.8公里的員山機堡（金山東路400巷），亦是神風特攻隊機堡遺跡，都是宜蘭的二戰歷史遺跡。

▲ 員山山頂觀景台

▲ 員山公園環山步道

內城社區
鐵牛力阿卡載遊客遊覽內城農村

不老學校鐵牛力阿卡
水圳生態步道太陽埤

　　宜蘭縣內城村的西、北面有山地屏障，南面有蘭陽溪，中間地勢低平，形似一盆地，清代稱為「內湖仔」，後改名為「內城」。近年來在內城社區發展協會努力下，積極發展社區的觀光資源。

▲ 內城社區不老學校

▲ 內城社區鐵牛力阿卡

【景點 *Highlight*】

內城社區鐵牛力阿卡：「力阿卡」是英文日語的音譯，是指用來載重物的兩輪人力手拉車（tiller），為昔日農村用來運載貨物的主要交通工具。隨著時代演變，目前員山鄉內城村漸少種植稻作，改種植其他經濟作物。內城社區發展協會因此組織農民，將農家的農業耕耘機和人力手拉車改裝為「鐵牛力阿卡」遊園車，以搭載遊客遊覽內城村，既可推展內城觀光，又可幫助村內中老農就業。鐵牛力阿卡成為內城社區觀光一大特色。

不老學校：原內城國小校舍，宜蘭縣政府委託內城社區發展協會辦理，活化舊有校舍，規劃柑仔店、展覽區、愛工坊、演藝廳、托老所、食堂、五育教室等服務設施。這裡也是內城社區鐵牛力阿卡的車站及搭乘地點。

水圳生態步道：長約1公里，步道沿水圳而行，平緩好走，內城社區是容易親近的一條步道，步行時間約半小時。步道起點附近有一棵300歲老茄苳樹，稱為「大樹公」，是內城著名老樹，附近有渡船頭公園及大坑休閒漁場。

▲ 大樹公（茄苳老樹）

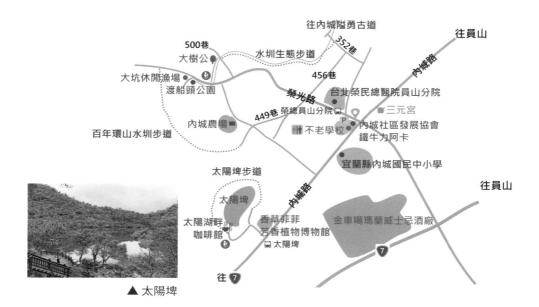

▲ 太陽埤

交通資訊

【自行開車】地圖衛星導航輸入「內城社區發展協會—鐵牛力阿卡」，即可抵達目的地，其旁設有停車場。

【大眾運輸】從宜蘭轉運站搭乘國光客運1786至內城站（內城社區發展協會）。

附近景點

百年環山水圳步道、太陽埤步道、香草菲菲芳香植物博物館、金車噶瑪蘭威士忌酒廠。

旅行建議

內城社區有4條步道，分別是水圳生態步道、太陽埤步道、百年環山水圳步道、內城隘勇古道，其中以水圳生態步道最平緩好走。香草菲菲芳香植物體驗館及附近的太陽埤湖岸觀景平台，是內城社區較著名的景點。

▲ 水圳生態步道

▲ 香草菲菲芳香植物博物館

望龍埤
無障礙環湖步道 九曲橋 望龍亭

環湖步道欣賞望龍埤
九曲美橋湖中島悠遊

　　望龍埤，舊稱「枕頭山埤」，位於宜蘭員山鄉枕山村。湖岸附近的聚落因地處偏僻的內山湖畔，而稱為「內湖仔」。光緒十六年（1890），墾戶開闢金源和圳，以枕頭山埤為水源，稱之為「龍目埤」，今名「望龍埤」。

▲ 望龍埤

【 景點 *Highlight* 】

望龍埤：望龍埤原為灌溉埤塘，由於水源不穩定，農作須採輪流灌溉；加上本地土壤貧瘠，因此少有稻田，農地多種果樹，以柑橘為大宗。後來埤水逐漸枯竭，水底泥濘，雜草叢生，被稱為「軟埤」。枕山休閒農業區成立後，規劃為風景區，挖除淤泥，修築埤岸建環湖步道及涼亭，望龍埤恢復生機，再現湖光山色。

望龍埤環湖步道：望龍埤略呈蕃薯形狀，面積約4、5公頃，環湖步道長約1公里，湖岸有拱橋及九曲橋連接湖中的小島望龍亭。湖岸有鴨鵝棲息，湖裡魚兒悠游，湖岸種植落羽松，周遭群山環抱，湖水碧綠，風景怡人。望龍埤東側的湖岸更設置無障礙步道，娃娃車或輪椅都可輕鬆進入步道悠遊。

▲ 九曲橋

▲ 望龍埤環湖無障礙步道

交通資訊

【自行開車】

地圖衛星導航輸入「宜蘭縣員山鄉望龍埤」，即可導航至望龍埤。望龍埤北岸及南岸都設有停車場。建議停於南岸停車場。

【大眾運輸】

搭乘宜蘭公車755、國光客運1789、綠15（宜蘭轉運站）至望龍埤（湖山國小）站，步行約5分鐘至望龍埤站。

附近景點

大礁溪宜蘭大學實驗林場、雷公埤、龍潭湖。

旅行建議

望龍埤環湖步道繞行一圈約30～40分鐘。望龍埤登山步道部分路段較為陡峭，較不適合老弱或幼童。

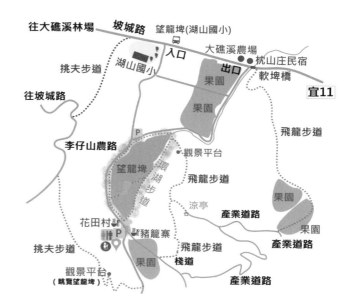

望龍埤登山步道：望龍埤附近有兩條登山步道，一是飛龍步道，另一是挑夫步道。飛龍步道就在望龍埤旁的山丘，有小圈及大圈環狀健行路線，小圈路線環行一圈約半小時，途中有一觀景平台可眺望湖景，適合一般遊客輕鬆悠遊；大圈路線則約1小時路程。挑夫步道途中有一座觀景平台，可以俯瞰望龍埤全景，是俯瞰望龍埤的最佳位置。

▲ 湖心島望龍亭

▲ 望龍埤南岸市集廣場

▲ 飛龍步道

175

雙連埤
國家級重要濕地 特殊浮島景觀

鄒家百年石頭屋懷舊
雙連埤環湖步道賞湖

　　雙連埤的地名，是因山谷有兩座相連的湖泊而得名。雙連埤海拔約470公尺，是一座湧泉和溪流匯集而成的掩塞湖，湖域生態環境豐富，孕育魚蝦、蛙類、水生昆蟲等生物，因此吸引鳥類駐足，也成為候鳥過冬的棲息濕地，已被列為國家級濕地及野生動物保護區。

▲ 雙連埤

▲ 台9丁公路 雙連埤路段

【景點 Highlight】

鄒家百年石頭屋：先民入墾雙連埤，就地取材，以當地的石頭砌造石頭屋，其中以「鄒家百年石頭屋」最為著名。鄒姓家族也是最早進入雙連埤拓墾的居民。

雙連埤環湖步道：大環狀一圈約3.5公里，全線主要為土石路或柏油路，從鄒家百年石頭屋續行不遠，即可看見雙連埤的湖景。湖的對岸山丘有大片的柳杉造林區，與湖水相映，景色優美。

▲ 鄒家百年石頭屋

浮島：雙連埤擁有全台唯一的浮島自然景觀。浮島是由水生植物多年生長累積而成，水面上約1公尺，水面下約1.5公尺，會隨颱風吹襲而漂浮移動。浮島，又稱「草毯」，是雙連埤特殊的自然景觀。

雙連埤生態教室：原為大湖國小雙連埤分校，因學童人數不足而廢校，舊校舍規劃為環境教育基地，提供遊客認識雙連埤的生態環境。

高冷蔬菜種植區：雙連埤附近的農田多種植高冷蔬菜，沿著雙連埤產業道路散步，可以欣賞高冷蔬菜田園風光。

◀ 萬善堂

交通資訊

【自行開車】地圖衛星導航輸入「宜蘭縣員山鄉雙連埤」即可抵達目的地。雙連埤附近台7
　　　　　　丁公路旁空地可停車，亦可停車於雙連埤福德宮前的小廣場。

【大眾運輸】從宜蘭轉運站搭乘753公車至雙連埤站。

附近景點

阿玉林道、福山植物園。

旅行建議

雙連埤環繞一圈約1～1.5小時，沿途較無遮蔭，建議勿於炎熱時分造訪。

▲ 雙連埤環湖步道

▲ 雙連埤分校舊址

永鎮海濱公園
壯圍濱海自行車道逍遙遊 海天美景

永鎮海濱遊宜蘭海岸
壯圍沙丘訪榕樹公園

　　永鎮，舊稱「三塊厝」，設有三塊厝庄，永鎮廟是當地的信仰中心，主祀開漳聖王，為宜蘭地區最早的開漳聖王廟，也是聚落最主要的地標，三塊厝後來改名為「永鎮」。

▲ 永鎮廟

▲ 永鎮海濱公園

【景點 Highlight】

永鎮海濱公園：從永鎮廟旁的壯濱路四段388巷進入，即抵永鎮海濱公園，入口處設有小型停車場。公園位於海濱，設有棧道及觀景涼亭。永鎮海濱公園面向遼闊的太平洋，沙灘綿延十幾公里，北至竹安溪口，南至蘭陽溪口。除了眺覽海景，也可以漫步沙灘，玩沙戲水或觀浪。

壯圍濱海自行車道：北起竹安溪河口，南至蘭陽溪口，全長約15公里。永鎮海濱公園大約位於中點。永鎮廟旁有自行車出租店，是沿途唯一的自行車出租店，建議可在此租騎單車悠遊宜蘭壯圍濱海自行車道，沿途有休憩涼亭、觀景平台，也

▲ 壯圍濱海自行車道

▲ 壯圍沙丘服務區

交通資訊

【自行開車】

地圖衛星導航輸入「壯圍永鎮廟」，即可抵達永鎮廟，續從廟旁的巷道上行，即可抵達永鎮濱海公園停車場（免費停車）。

【大眾運輸】

搭乘公車793、1788（宜蘭轉運站）、1812（台北車站經濱海公路）至永鎮站，或搭乘綠18（台灣好行壯圍沙丘線）至永鎮濱海遊憩區站。

附近景點

壯圍沙丘服務區、東港榕樹公園、古亭穀倉。

旅行建議

建議在永鎮廟旁的自行車出租店租騎自行車，遊覽壯圍濱海自行車道。闔家出遊時，可選擇搭乘濱海拉拉車。壯圍沙丘服務區為途中最適合的休憩地點。

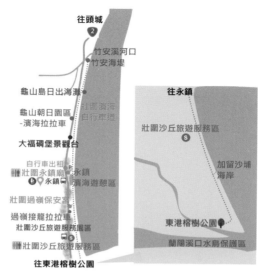

壯圍濱海自行車道 ▶

有多條小徑通往海灘。濱海自行車道由北而南，沿途景點有竹安溪河口、龜山島日出海灘、大福碉堡景觀台、永鎮海濱公園、壯圍沙丘旅遊服務區、加留沙埔海岸、東港榕樹公園、蘭陽溪口水鳥保護區等。

濱海拉拉車：濱海拉拉車是當地特別的旅遊體驗方式，遊客可以在大埔「龜山朝日園區」，搭乘由高爾夫球車牽引，宛如一條長龍的拉拉車，行走於濱海自行車道，由導覽司機沿途導覽風景，輕鬆眺望龜山島及宜蘭海岸風光。

▲ 加留沙埔海岸

▲ 東港榕樹公園

179

宜蘭河濱公園
宜蘭河兩岸環狀悠遊路線

宜蘭河西堤津梅棧道
金同春水圳宜蘭磚窯

　　宜蘭河濱公園是指宜蘭河流經宜蘭市區的河岸公園，經過整治規劃之後，成為一條水岸綠色廊道，宜蘭橋與西門橋之間，約長1.4公里的水岸，宜蘭河緩流其間，形成優美的水岸圖景。

▲ 宜蘭河濱公園

▲ 宜蘭河濱公園河堤自行車道

【景點 *Highlight*】

宜蘭河河堤：又稱「西堤」，是日治時期首任宜蘭廳長西鄉菊次郎為解決宜蘭市水患而興建的堤防，因而得名。現在規劃為自行車道及人行步道。西門橋旁的河堤上，立有一座「西鄉廳憲德政碑」以紀念其貢獻。

津梅棧道：位於慶和橋，橋旁建有一條懸空的棧道，提供行人及自行車行走，通往宜蘭河的左岸。左岸為北津、梅洲地區，因此棧道被命名為「津梅棧

▲ 津梅棧道

道」。棧道途中還設有休憩平台，供遊客眺覽宜蘭河的河景。慶和橋旁的河岸草坡設有「西堤晚眺」陶雕壁畫。

金同春圳：位於宜蘭河左岸的金同春路旁，創建於清朝嘉慶十六年（1811），已有200年歷史。水圳經過美化，鋪設步道，成為一條水岸休閒步道。沿著金同春圳，抵達北津社區河邊公園，附近有縣定古蹟宜蘭磚窯。

宜蘭磚窯：津梅地區曾是宜蘭磚仔窯最密集的地區，北津里現存的這座磚仔窯，共有十三目相連，為宜蘭縣內僅存的目仔窯古式磚窯，被登錄為歷史古蹟。

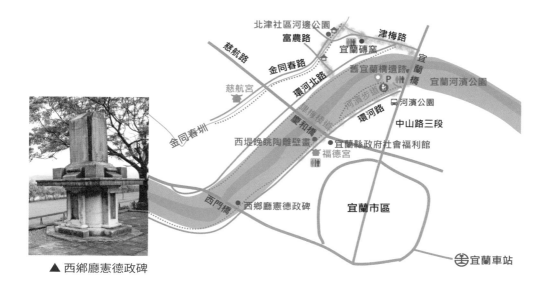

▲ 西鄉廳憲德政碑

交通資訊

【自行開車】地圖衛星導航輸入「宜蘭橋河濱公園停車場」，即可抵達宜蘭橋橋下免費公共停車場。

【大眾運輸】從宜蘭轉運站搭乘葛瑪蘭公車772、772A、假日紅1、國光客運1740、1766至河濱公園站。

附近景點

宜蘭昭應宮、宜蘭設治紀念館、化龍一村眷舍群、台灣菸酒宜蘭酒廠。

旅行建議

建議散步路線：宜蘭橋下停車場→西鄉廳憲德政碑（原路折返）→津梅棧道→金同春圳→北津社區河邊公園→宜蘭磚窯→宜蘭橋→宜蘭橋下停車場，環狀一圈約2小時。

▲ 金同春圳

▲ 宜蘭磚窯

陳氏鑑湖堂

登瀛書院 落羽松園 機堡遺跡

古厝書院松園機堡
鄉間小路田園風光

　　陳氏鑑湖堂位於宜蘭市進士里，地名舊稱「珍仔滿力」，為噶瑪蘭平埔族社名的譯音。陳氏家族先祖來自福建漳州漳浦縣，清咸豐年間（1850～1861），陳宣梓、陳宣石堂兄弟來到此地開墾，全盛時期擁有的土地超過300甲。

▲ 陳氏鑑湖堂

▲ 鑑湖堂前的半月池

【景點 Highlight】

陳氏鑑湖堂：為陳氏家廟，以故鄉地名「鑑湖」為堂名。鑑湖堂原為大型宅第，二次大戰期間，因鄰近宜蘭南機場，受到美軍轟炸而毀損，僅存大宅正廳。修復後做為家廟之用原有的大宅僅存部分遺跡。鑑湖堂前有半月池，附近的水田則為水生植物生態園區。

登瀛書院：登瀛書院是陳氏家族所創建的私塾。咸豐年間，陳宣梓來此開墾時，即創建私塾，聘請儒師，教育子弟。最初僅為土牆茅簷。同治二年（1863），改為磚瓦的房舍，而有「瓦學」之稱。

▲ 登瀛書院

落羽松園：又稱「陳家松園」，在鑑湖堂附近，是陳宣石這一族所居住的「頭前厝」。農田旁有一排樹齡超過70年的落羽松。落羽松為了適應濕地環境，演化出突出地面的呼吸根，又稱「膝根」。落羽松每到秋天葉子轉為金黃，最為美麗。

進士一號、二號機堡：位於陳家松園附近，是二次大戰期間宜蘭南機場的戰機掩體，因位於進士里，被稱為「進士機堡」，有一號、二號機堡。機堡以鋼筋水泥砌成，弧形的屋頂，覆土植草以做偽裝，用以隱藏戰鬥機，現在是歷史建築。

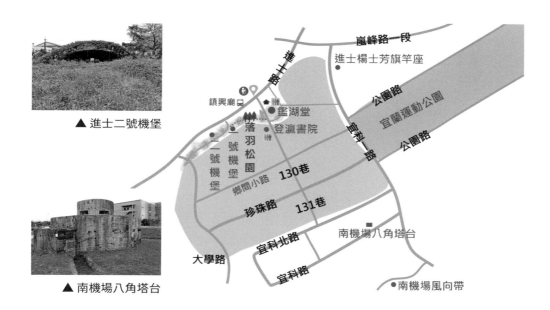

▲ 進士二號機堡

▲ 南機場八角塔台

交通資訊

【自行開車】地圖衛星導航輸入「宜蘭市陳氏家廟鑑湖堂」，即可抵達目的地。堂前空地可停車，但停車空間有限。

【大眾運輸】從宜蘭轉運站搭乘葛瑪蘭公車751、753、國光客運1786至鎮興廟站。

附近景點

宜蘭運動公園、員山公園、宜蘭設治紀念館、化龍一村眷舍群、台灣菸酒宜蘭酒廠。

旅行建議

鑑湖堂附近鄉間小路，有稻田、水生植物、祠堂、書院、落羽松、機堡遺跡，兼具自然與人文的鄉間散步路線。建議散步路線如下：陳氏鑑湖堂→落羽松園→一號機堡→二號機堡→鄉間小路→登瀛書院→陳氏鑑湖堂。環繞一圈約1.8公里。亦可順道遊覽附近宜蘭運動公園。

▲ 落羽松園

▲ 進士一號機堡

羅莊櫻花步道
台灣平地最長的櫻花步道 水岸櫻花

羅莊櫻花步道花綻放
十六份古水圳鐵馬遊

羅莊，清代屬於十六份庄，開拓之時，十六人合墾，土地成十六份，因而得名。十六份墾民以張姓為主，現有居民亦以張姓居多，張達猷大夫第為當地古厝，但因缺乏維護，已漸漸傾頹。

▲ 羅莊櫻花步道

▲ 羅莊大排兩岸種植櫻花樹

【景點 Highlight】

羅莊櫻花步道： 全長1公里，沿著羅東大排的兩岸種植1200棵櫻花樹，是台灣平地最長的櫻花步道。娃娃車、輪椅都可以輕鬆上路，花期約在每年2月上旬至3月中下旬。步道設有小夜燈，無論白天或夜晚都可以悠遊賞櫻。

十六份圳自行車道： 十六份古圳是早期利澤簡與羅東之間的交通運輸孔道，藉由鴨母船行駛往來水圳。現在水圳兩岸規劃為自行車道，沿途設有親水平台、

▲ 十六份圳自行車道

自行車橋、手押台車等遊憩設施，與羅莊櫻花步道形成帶狀悠遊路線。

月眉鹽館小碼頭： 早期商人從利澤簡以鴨母船運鹽前往羅東，行駛於十六份圳，至月眉上岸，再改用手押台車運送至羅東。月眉碼頭旁建有多個儲存鹽的倉庫，俗稱「鹽館底」。現在設有親水平台、小碼頭、鴨母船、手押台車，提供遊客緬懷舊時歲月。

雙港嘴： 位於十六份圳與冬螺大排匯流處，因而得名。冬季水量豐盈時，常聚集魚群，吸引民眾捕撈或垂釣，附近水圳旁有一整排落羽松，冬日景色怡人。

交通資訊

【自行開車】地圖衛星導航輸入「羅莊櫻花步道」，即可抵達羅莊一街羅莊櫻花步道入口，附近路旁空地停車。花季時，停車空間有限。

【大眾運輸】從羅東轉運站搭乘國光客運1766、假日紅2至羅莊社區2站，步行羅莊街、羅莊一街約600公尺（約10分鐘）至步道入口。

附近景點

羅東夜市、羅東林業文化園區、冬山河自行車道。

旅行建議

建議悠遊路線：羅莊櫻花步道入口→右岸步道終點→雙港嘴→月眉鹽館→張達猷大夫第→羅莊櫻花步道左岸步道→羅莊櫻花步道入口（路程時間約1.5～2小時，含休息及賞櫻）。

▲ 月眉鹽館小碼頭休憩涼亭

▲ 雙港嘴

185

利澤簡老街
歲月時光凝結的睡美人 利澤簡老街

利生醫院老街典雅建築
永安宮廣惠宮知名廟宇

　　利澤簡，地名來自平埔族噶瑪蘭人利澤簡（Hedecanan）社，意指「休息之地」。利澤簡位於冬山河旁，水路交通可達羅東及冬山，下接冬山河口的加禮宛港，而成為宜蘭溪南地區重要的貨物集散地，也造成了利澤簡老街的商業繁榮。

▲ 利澤簡老街利生醫院

▲ 林益發商店

【景點 Highlight】

利澤簡老街：日治時代冬山河改道，內河航運衰退，再加上宜蘭線鐵道完工，交通線西移，利澤簡於是走向蕭條的命運。走在利澤簡老街上，仍然可以感受得到昔日曾經有過的繁華年代。利澤簡老街主要的景點包括：利生醫院、利澤戲院、林益發商店巴洛克建築、永安宮、廣惠宮、利澤國際偶戲藝術村（五結穀倉）等景點。

▲ 永安宮媽祖廟

利生醫院：利澤簡老街最早的西式建築，它是由二層樓的利澤簡信用組合事務所與一層樓的利生醫院所組成，位於老街轉角處，建築呈 L 形的流線，入口設於轉折處，立面簡潔，左右對稱，裝飾素簡，屬於初期現代主義建築。

永安宮：位於老街中心點，主祀天上聖母，俗稱「媽祖廟」，為縣定古蹟，是利澤簡地方的信仰中心，近年來又在舊廟後方另建宏偉的新廟。永安宮是利澤簡堡八大庄的信仰中心，每年農曆新春元宵節時，舉行抬神轎競走的「走尪」比賽，成為極具特色的宗教民俗活動，已被宜蘭縣政府登錄為「縣定民俗活動」。

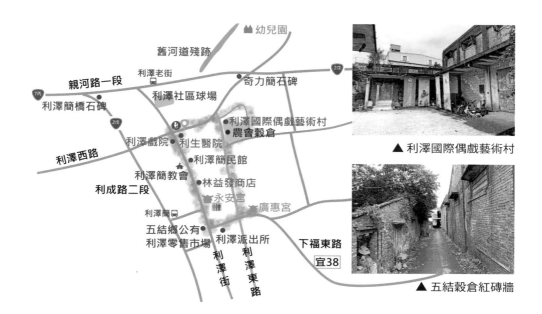

▲ 利澤國際偶戲藝術村

▲ 五結穀倉紅磚牆

交通資訊

【自行開車】地圖衛星導航輸入「宜蘭縣五結鄉利生醫院」，即可抵達利澤簡老街，附近空地停車。

【大眾運輸】從羅東轉運站搭乘公車1791、1797、121、綠21至利澤老街站。

附近景點

五十二甲濕地、三奇美徑、冬山河親水公園、宜蘭傳藝園區。

旅行建議

建議散步路線：利生醫院→利澤戲院→林益發商店→永安宮→廣惠宮→利澤國際偶戲藝術村（農會穀倉）→利生醫院，環繞一圈約1.5小時（含休息及看風景）。

▲ 利澤戲院

▲ 廣惠宮

冬山老街

冬山河森林公園生態綠洲 冬山老街

冬山車站看藝術廣場
冬山老街逛彩繪小巷

　　冬山，舊稱「冬瓜山」，《噶瑪蘭廳志》曰：「冬瓜山，在廳治南三十里，平岡迤邐，形如落木，以此得名。」日治期間，地名簡化為「冬山」。

▲ 冬山車站藝術廣場

【景點 *Highlight*】

冬山車站：冬山車站以「綠色隧道」做為設計主題，採用瓜棚造型的外觀，圓弧形的棚架，造型極富特色，而成為觀光景點。車站旁設有自行車驛站，提供淋浴服務，車站設置藝術廣場，亦有彩繪屋。車站旁亦有自行車出租店，提供遊客租騎遊覽冬山河風光。

冬山老街：冬山鄉最早的街市，被稱為「冬山街仔」，近年來以彩繪為老街添增活潑氣息，散步於老街巷弄，隨時會有驚喜的邂逅。老街的人文景點有：冬山穀倉（良食農創園區）、冬山定安宮（媽祖廟）、冬瓜山橋（日治時代古橋）、舊冬山鄉公所（日治時期冬山庄役場）等歷史人文建築。

▲ 冬山老街彩繪屋牆

▲ 舊冬山橋

交通資訊

【自行開車】

地圖衛星導航輸入「冬山車站收費停車場」，即可抵達目的地。停車場就位於冬山車站旁。

【大眾運輸】

搭乘台鐵宜蘭線至冬山車站；或從羅東轉運站搭乘國光客運1766、宜蘭轉運站搭乘假日紅2公車至冬山站。

附近景點

冬山河自行車道、三奇美徑、武荖坑風景區、仁山植物園。

旅行建議

遊覽冬山老街、冬山河森林公園生態綠洲、搭乘電動小船遊覽冬山河舊河道。或租騎自行車遊冬 山河自行車道。

冬山河森林公園生態綠洲： 佔地16公頃，園區跨越冬山河，宜蘭線鐵道穿越園區，地景結合冬山河河道與鐵道的風光。園區內的冬山河河岸草地廣闊，水岸生態豐富，適合觀察鳥類活動；園區亦設有環狀步道，途中的希望之丘、大樹公樹屋觀景平台，都擁有絕佳展望。遊客亦可以在園區搭乘電動小船遊覽冬山河舊河道，或者租騎自行車遊覽冬山河風光。

189

▲ 冬山河森林公園生態綠洲

▲ 希望之丘觀景平台

三奇美徑
冬山伯朗大道稻田美景 騎車鄉間遊

三奇美徑觀黃金稻穗
五十二甲濕地鳥棲息

　　冬山鄉三奇村，舊名「奇武荖」（ki bulaw），為噶瑪蘭溪南三大社之一，漢人入墾後，逐漸形成農業聚落，以稻作生產為主要經濟來源。每當稻穗成熟時，田野呈現黃金稻穗的美景，與花東縱谷池上著名的「伯朗大道」稻穗美景相似，因而有「冬山伯朗大道」的美譽。

▲ 冬山伯朗大道～三奇美徑

【景點 *Highlight*】

奉尊宮：三奇村以奉尊宮為地方信仰中心，主祀玉皇大帝。奉尊宮前的廣場設有停車場及提供自行車出租服務，遊客從奉尊宮出發，步行數十公尺鄉間小路，即可抵達「三奇美徑」。

▲ 奉尊宮

三奇美徑：路寬約5公尺、長約2公里的彎曲鄉間小路，通過大片稻田原野。每年5月初至6月底稻穗成熟期間，這條鄉間小路出現黃金色澤的稻穗美景，而有「三奇美徑」之稱。

林和源圳自行車道：又稱「五十二甲圳」，從奉尊宮附近的三奉路進入林和源圳自行車道，可以沿著水圳騎往五十二甲濕地。遊客可以採步行或騎自行車的方式遊覽三奇美徑、林和源圳自行車道環狀一圈。

五十二甲濕地：位於三奇村北方，利澤簡老街的西側，相傳昔日開墾的土地面積有五十二甲，因而得名。由於距離奉尊宮較遠，建議採騎自行車的方式前往五十二甲濕地，回程再從利澤西路銜接林和源圳自行車道，騎返奉尊宮。

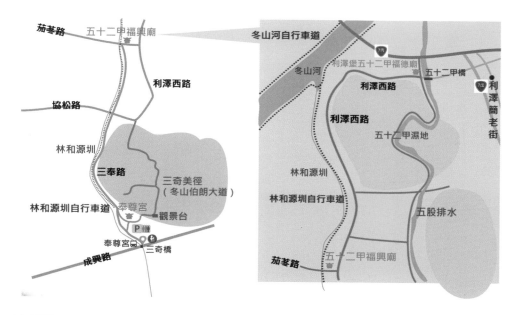

交通資訊

【自行開車】地圖衛星導航輸入「宜蘭縣冬山鄉奉尊宮」，即可抵達目的地。奉尊宮前廣場
設有免費停車場。

【大眾運輸】從冬山火車站搭乘冬山鄉免費巴士（冬山線）至奉尊宮站（每天僅有六班），
或從冬山火車站租自行車騎往三奇村奉尊宮，約15～20分鐘（約2.6公里）。

附近景點

利澤簡老街、冬山老街、冬山河生態綠洲、冬山河自行車道。

旅行建議

蘭陽平原僅種植水稻一期，讓二期水田休耕或轉作其他蔬菜。一期稻作大約在國曆1～2月間
插秧，6月收割；4月間造訪三奇村，稻田一片綠油油景象，6月時則轉為一片黃金稻田風景，
風情各有不同。因此須把握時機才能欣賞到「三奇美景」的黃金稻穗美景。

▲ 三奇美徑自行車道

▲ 五十二甲濕地

191

新寮瀑布
新寮瀑布 仁山植物園

新寮瀑布步道賞瀑
仁山植物園區看花

　　新寮的地名，出現於日治時期，因此地山區採樟煉腦，設置腦寮，相對於較早建立的舊寮，於是稱為「新寮」。新寮溪流經其間，主要的景點有新寮瀑布及仁山植物園。

▲ 新寮瀑布步道入口　　　　　　　　　　　▲ 新寮瀑布步道

【景點 *Highlight*】

新寮瀑布步道：是林務局羅東林管處開發完成的一條自然步道，從入口至新寮瀑布第一層瀑布，大多為平緩好走的碎石子路，步行約0.9公里。終點有觀瀑平台，面對新寮瀑布第一層瀑布從崖壁懸流而下，溪谷形成碧綠水潭。

觀瀑平台附近，有吊橋跨越新寮溪，通往第二層瀑布。過吊橋後，一小段陡上的石階路，隨即轉為平緩的高架棧道，凌空依山壁而建，再經過一座拱橋跨越新寮溪上游溪谷。上游溪谷漸漸狹束，巨石錯落，溪流激石而下，形成大小斜瀑。續爬一小段，再過一座拱橋，即抵達步道終點的新寮瀑布第二層瀑布，瀑布從崖頂奔騰躍下，瀑布規模更勝第一層瀑布。

▲ 新寮瀑布第一層瀑布　　　　　　　　　　▲ 拱橋通往第二層瀑布

交通資訊

【自行開車】

地圖衛星導航輸入「宜蘭縣冬山鄉新寮瀑布」，即可抵達目的地。步道入口旁設有停車場。

【大眾運輸】

無直達公車。從羅東轉運站搭乘公車281至仁山植物園站，步行約2.2公里至新寮步道入口。

附近景點

仁山植物園、梅花湖風景區。

旅行建議

建議連遊新寮瀑布、仁山植物園。

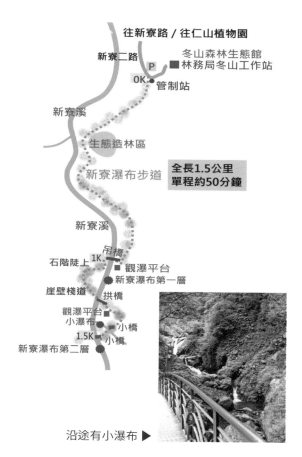

往新寮路／往仁山植物園

新寮二路

冬山森林生態館
■林務局冬山工作站

P

OK ● 管制站

新寮溪

生態造林區

新寮瀑布步道

**全長1.5公里
單程約50分鐘**

新寮溪

吊橋
石階陡上 1K
■ 觀瀑平台
● 新寮瀑布第一層
崖壁棧道 拱橋
觀瀑平台■
小瀑布 ● ● 小橋
1.5K ● 小橋
新寮瀑布第二層 ●

沿途有小瀑布 ▶

仁山植物園： 仁山植物園位於新寮路500號，面積達102公頃，座落於海拔高度約200公尺的山丘地，前身為「仁山苗圃」。園區有大航海外來植物展示區、低海拔森林產業展示區以及設計各種精美庭園，如東方庭園、西方庭園及台灣庭園植物園區等園藝造景。多條步道交織於園區，遊客可以隨個人興趣，繞行參觀園內各區的植物生態。

▲ 新寮瀑布第二層瀑布

▲ 仁山植物園

193

梅花湖
闔家出遊的熱門景點 梅花湖風景區

環湖步道觀賞湖波激灩
水上巴士體驗湖上風情

　　梅花湖，舊稱「大埤」，清代文獻記錄為「鹿埔埤」，鹿埔為當地地名，設有鹿埔庄。梅花湖面積達20公頃，因湖泊形狀像梅花的五花瓣，後來改名為「梅花湖」。

▲ 梅花湖

▲ 水上巴士乘船碼頭

【景點 *Highlight*】

環湖步道：環湖步道全長約2.2公里，從乘船碼頭旁出發，沿著湖岸步行，經過祭祀開拓本地而亡故先民的英雄祠，即進入幽雅怡人的水岸步道及水上棧道，沿途設有休憩涼亭及觀景平台，提供遊客遊憩。繞行一圈，然後回到乘船碼頭。

鳳凰島：又稱「湖心島」，位於梅花湖東側，有吊橋與環湖道路相連，設有湖岸觀景平台，是環湖步道途中主要的遊憩地點。

環湖自行車道：梅花湖風景區入口的商店區有提供各種單車、親子車或協力車出租服務，環湖道路為自行車專用道路，騎自行車繞湖一圈約20～30分鐘。

水上巴士：遊覽梅花湖除了健行或騎單車，亦可乘坐水上巴士遊覽湖景，從不同的角度欣賞梅花湖之美。環湖一圈約15分鐘。

三清宮：從環湖步道粉娘亭附近，步行30分鐘產業道路，抵達三清宮。三清宮是道教總廟，殿宇雄偉巍峨，視野遼闊，可以俯瞰梅花湖及眺覽蘭陽平原美景。

▲ 梅花湖環湖步道

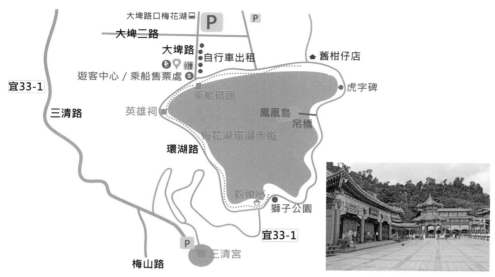

▲ 道教總廟三清宮

交通資訊

【自行開車】地圖衛星導航輸入「梅花湖風景區停車場」，即可抵達目的地。

【大眾運輸】從羅東後站搭乘公車281至梅花湖站。

附近景點

三清宮步道、香格里拉步道。

旅行建議

梅花湖環湖一圈約2.2公里，步行時間約1小時，全程平緩好走。三清宮位於湖岸的半山腰，上山須走一段上坡路，亦可從梅花湖開車前往三清宮，路程約6～8分鐘。

▲ 水上高架棧道

▲ 梅花湖風景區入口

天送埤
天送埤車站 五分仔火車路懷舊鐵道

太平山森林鐵路車站
九芎湖懷舊幸福月台

　　天送埤的地名是源自當地的一座陂塘名稱，日治時代因在天送埤附近興建水力發電廠，將埤塘填平，天送埤因此消失。原址位於天送埤「夫妻樹」附近的農田。

▲ 天送埤車站

▲ 天送埤幸福號列車

【景點 Highlight】

天送埤車站： 天送埤車站建造於大正十年（1921），是太平山森林鐵路保存最完整的木造車站。昔日的日式宿舍現已整修，做為遊憩設施。車站亦復駛一小段復古懷舊火車，提供遊客搭乘，以緬懷森林鐵路的歲月。

天送埤夫妻樹： 位於天送埤電力路附近的稻田中，並排的兩棵老茄苳樹，樹齡已有數百年，已被列為宜蘭縣珍貴老樹，稱為「夫妻樹」。

▲ 天送埤夫妻樹

五分仔火車路懷舊鐵道： 興建於日治時代1901年，其中的天送埤、九芎湖舊路段，後來成為太平山森林鐵路的路線。鐵軌拆除後，現在規劃為自行車道及人行步道，從天送埤至九芎湖幸福月台長約1.8公里，沿途設置有應公、叭哩沙、自來水區、破布烏、九芎湖等五座月台，附近的九芎湖是日治時代興建的人工蓄水沉沙池，是天送埤水力發電廠的發電設施。

九芎湖幸福月台： 位於五分仔火車路懷舊鐵道的終點，日治時代曾設置九芎湖駐在所，明治四十三年（1910）發生泰雅族襲擊駐在所的「九芎湖駐在所事件」。

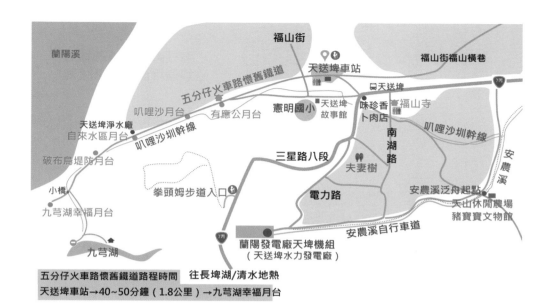

蘭陽溪
福山街
福山街福山橫巷
五分仔火車路懷舊鐵道
天送埤車站
天送埤
叭哩沙月台
有應公月台
憲明國小
天送埤
故事館
味珍香
卜肉店
福山寺
叭哩沙圳幹線
天送埤淨水廠
自來水區月台
叭哩沙圳幹線
南湖路
安農溪
破布烏堤防月台
三星路八段
夫妻樹
小橋
九芎湖幸福月台
拳頭姆步道入口
電力路
安農溪泛舟起點
天山休閒農場
豬寶寶文物館
安農溪自行車道
蘭陽發電廠天埤機組
（天送埤水力發電廠）
九芎湖

五分仔火車路懷舊鐵道路程時間　往長埤湖/清水地熱
天送埤車站→40~50分鐘（1.8公里）→九芎湖幸福月台

交通資訊

【自行開車】地圖衛星導航輸入「天送埤火車站」，即導航至目的地。車站旁設有免費停車場。

【大眾運輸】從宜蘭轉運站搭乘國光客運1745，或從羅東轉運站搭乘國光客運1750、1764、1793、1796、1798至天送埤站。

附近景點

拳頭姆步道、長埤湖精靈村、清水地熱、安農溪自行車道、安農溪泛舟。

旅行建議

建議從天送埤車站前的自行車驛站租騎自行車遊覽五分仔火車路懷舊鐵道，亦可從味珍香卜肉店鄰旁的天送埤福山寺牌樓進入，沿著叭哩沙圳幹線的水圳路騎往安農溪自行車道。這段鄉間小路農田風光，亦適合休閒散步。

▲ 五分仔火車路懷舊鐵道

▲ 五分仔火車路懷舊鐵道終點

197

拳頭姆自然步道
烏心石與肖楠造林地 環狀森林小徑

拳頭姆山享受森林浴
觀景平台眺覽蘭陽溪

　　拳頭姆山座落於三星鄉的九芎湖、天送埤之間，海拔約310公尺，從天送埤的方向遠遠眺望這座落於蘭陽溪河岸的山頭，外形酷似拳頭，因而得名。

▲ 拳頭姆步道入口

▲ 拳頭姆自然步道的意象造景

【景點 *Highlight*】

拳頭姆步道： 拳頭姆山原屬於林務局的烏心石與肖楠造林地，後來羅東林管處規劃為自然步道，全長約1.8公里，採用自然工法，以烏心石鋪設木頭土階，山徑則鋪以木屑及細石，沿途並設置三處觀景平台。拳頭姆步道起伏不大，山路平緩好走，是極佳的森林浴路線，環狀一圈大約1小時。

▲ 拳頭姆自然步道

蘭陽平原眺景平台： 第一座平台位於0.3公里附近的岔路附近，眺望宜蘭三星的平野。三星舊稱「叭哩沙湳」，「沙湳秋水」是昔日蘭陽八景之一。這條步道的觀景平台是眺覽叭哩沙湳平野的絕佳地點。

蘭陽溪眺景平台： 第二座平台位於步道0.8公里處，是步道最高點，可以眺望蘭陽溪的風光。「沙湳秋水」係指蘭陽溪流經叭哩沙湳的秋色之景。如今有一座泰雅大橋跨越蘭陽溪，聯絡三星鄉與大同鄉。

雀榕平台： 位於主步道約1.2公里處的第三座平台，另有右岔路通往附近的這座雀榕平台，平台旁有一棵雀榕老樹，樹幹粗巨，樹枝四張，宛如傘冠，綠意盎然。

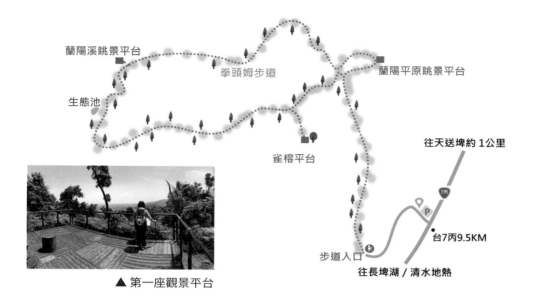

蘭陽溪眺景平台
拳頭姆步道
蘭陽平原眺景平台
生態池
雀榕平台
往天送埤約1公里
7丙
台7丙9.5KM
步道入口
往長埤湖／清水地熱

▲ 第一座觀景平台

交通資訊

【自行開車】地圖衛星導航輸入「拳頭姆步道」，即可抵達目的地。步道入口設有停車空地。

【大眾運輸】搭乘國光客運1792（羅東－天送埤）、1793（羅東－牛鬥）、1796（羅東－松羅）至天送埤站，步行約1公里至步道入口。

附近景點

長埤湖風景區、清水地熱、天送埤車站。

旅行建議

拳頭姆自然步道全長約1.8公里，環狀一圈約1小時。建議順遊天送埤車站、長埤湖、清水地熱。

▲ 第二座觀景平台眺望蘭陽溪泰雅大橋

▲ 雀榕平台

199

長埤湖風景區
長埤湖風景區精靈村——塩太郎的家

長埤湖精靈村新開幕
環湖環山步道悠遊行

　　長埤湖，舊稱「九芎湖」，不過日治時代《台灣堡圖》（1904）標示長埤湖為「瓢湖」，因湖泊形狀如勺子而得名。長埤湖為雨水與湧泉形成的湖泊，湖水終年不乾涸，周遭山林翁鬱，宜蘭縣政府規劃為長埤湖風景區。

▲ 長埤湖

▲ 長埤湖環湖步道

【景點 *Highlight*】

長埤湖精靈村：長埤湖風景區經過重新規劃，2022年重新開園，設立「長埤湖精靈村」，設有可愛動物區，園內有梅花鹿、羊駝、兔子等可愛小動物，遊客可以與動物近距離接觸互動；「塩太郎的家」提供和服出租，供遊客拍照，還有小農市集、湖畔茶亭、地熱泡腳區、美食餐廳、湖畔咖啡雅座等遊憩設施。

▲ 長埤湖精靈村可愛動物區

環湖步道：長埤湖的湖岸設有步道，湖中設有噴泉，定時噴發，泉水沖天，如天女散花。步道長約500公尺，散步湖岸，沿途欣賞優美湖景。步道盡頭處有生態池及石塊踏階，越過湖水至對岸，續行一小段湖岸步道後，銜接環山步道。

環山步道：位於長埤湖西側的山丘，是新建的環山步道，長約300公尺，與環湖步道串連成一條環狀散步路線，步道坡緩，為長埤湖風景區的森林浴路線。未來第二期環山步道工程完成後，步道將會更為延長。

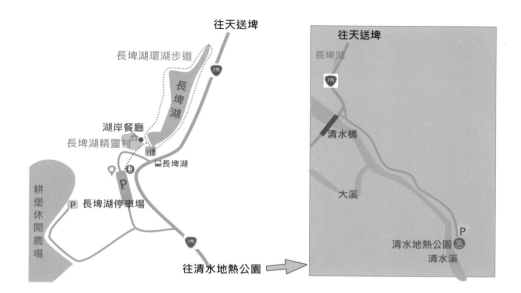

交通資訊

【自行開車】地圖衛星導航輸入「宜蘭縣三星鄉長埤湖」，即可抵達目的地。園區設有免費停車場。

【大眾運輸】搭乘國光客運1792（羅東－天送埤）、1793（羅東－牛鬥）至長埤站。搭乘1745、1750、1764（經武陵農場）、1796、綠17公車至長埤湖站。

附近景點

耕堡休閒農場、清水地熱、天送埤車站、九寮溪生態園區。

旅行建議

長埤湖環湖步道環繞一圈，大約30分鐘。親子旅遊建議進入可愛動物園與動物互動，或閒坐湖岸咖啡雅座或湖畔茶亭品茗，園區也設有地熱溫泉泡腳池，可以泡腳舒壓。

▲ 長埤湖環山步道

▲ 長埤湖湖岸咖啡雅座

201

寒溪部落
宜蘭第一長的鋼索吊橋 寒溪吊橋

寒溪吊橋濃濃泰雅味
寒溪神社淡淡日本風

　　寒溪，舊稱「寒死人溪」，是番社坑溪的支流，由於溪水特別冰涼，被稱為「寒死人溪」，而成為地名，日治時代改名為「寒溪」，是泰雅族南澳群的部落，包括寒溪社、四方林社、小南社、大元社、古魯社等五個部落，從山區陸續遷移至寒溪定居。

▲ 寒溪部落

▲ 寒溪吊橋

【景點 *Highlight*】

寒溪吊橋：寒溪部落最著名的景點，長達324公尺，是宜蘭縣第一長的鋼索吊橋，吊橋有鮮艷的原住民圖騰，跨越河床寬闊的番社坑溪，連結對岸的華興社區（大元社）。大元社是寒溪五社唯一定居於番社坑溪左岸的部落。

寒溪國小：是百年小學，創建於日治時代大正三年（1914），前身為「寒溪蕃童教育所」。校園內有一棵老樟樹，默默地見證這所百年小學的歷史。

寒溪神社：舊稱「寒溪祠」，位於寒溪國小後方的山丘，從步道入口步行約5分鐘，即抵達神社遺址。寒溪神社的格局大致仍維持完整，神社依山坡地勢築成上中下三層平台，信眾從參道逐層而上，抵達拜殿，向最上層的神社本殿膜拜。

拜殿所在的平台廣場旁立有一塊昭和八年（1933）的「銃獵之廢」石碑及「誓詞碑」，是寒溪神社落成之年，寒溪各部落在神社前立碑，誓言遵守政府政令，不再使用槍械，見證了日治時代「理蕃政策」的歷史。

▲ 寒溪神社

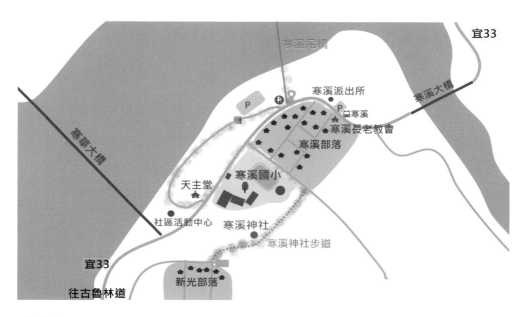

交通資訊

【自行開車】地圖衛星導航輸入「寒溪國小」，寒溪吊橋橋頭旁有車道通往下方的河岸免費停車場。

【大眾運輸】從羅東轉運站搭乘國光客運1795至寒溪站。

附近景點

古魯林道、梅花湖風景區。

旅行建議

建議散步路線：寒溪吊橋停車場→寒溪吊橋（原路來回）→寒溪部落→寒溪神社→寒溪國小→天主堂→寒溪吊橋停車場。悠遊路程時間約1.5～2小時。

▲ 寒溪神社步道

▲ 寒溪國小老樟樹

古魯林道
昔日大元山林場的運材道路

番社坑溪清涼伴古道
古魯舊駐在所見白雲

　　古魯林道位於宜蘭大同鄉寒溪村，林道通往翠峰湖，全長28公里，是昔日大元山林場的運材林道。目前可通行的路段從寒溪農場至大元派出所，長約2.5公里，路況良好，沿途設有導覽解說牌。

▲ 古魯橋、寒溪農場

▲ 古魯林道正式起點

【景點 *Highlight*】

古魯橋：位於寒溪農場前，是古魯林道的入口。從古魯橋續行約600公尺，抵達宜33線道路終點，即銜接古魯林道。立有「古魯林道」告示牌及導覽地圖，為古魯林道的正式起點。

番社坑溪瀑布：位於番社坑溪的對岸山壁，早期泰雅族南澳群族人進入寒溪部落，在瀑布下的溪谷梳洗，稱瀑布為「Tgliq Payan」。

舊古魯橋：建於日治時代大正十五年(1916)3月，是昔日山地警備道路經過的橋梁，通往古魯社，再越嶺大元山脈，通往南澳。舊古魯橋是古魯林道沿途最重要

▲ 舊古魯橋殘跡

▲ 大元派出所舊址

交通資訊 ------------

【自行開車】
地圖衛星導航輸入「寒溪農場」，即可導航至目的地。寒溪農場路旁空地停車。

【大眾運輸】
無直接抵達。從羅東轉運站搭乘國光客運1795至寒溪站，步行宜33鄉道約2公里至寒溪農場。

附近景點 ------------

寒溪部落、寒溪神社、寒溪吊橋。

旅行建議 ------------

古魯林道路程時間參考如下：寒溪農場→12分鐘→古魯林道起點→70分鐘→大元派出所。古魯林道整修後，目前入口的柵欄已撤除，不再管制汽車進入。但林道狹窄，多為土石路，建議勿開車進入古魯林道。

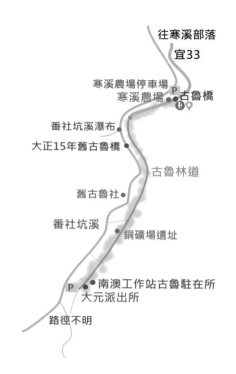

往寒溪部落
宜33
寒溪農場停車場
寒溪農場　古魯橋
番社坑溪瀑布
大正15年舊古魯橋
古魯林道
舊古魯社
番社坑溪
銅礦場遺址
南澳工作站古魯駐在所
大元派出所
路徑不明

的歷史遺跡，隱身於林道旁下方草叢處。路過時，要特別留意路旁的導覽解說牌，否則視線容易錯過在草叢裡的舊橋遺跡。昔日的古魯社現已遷移至寒溪，部落原址已無遺跡，只設立導覽解說牌，展示舊古魯社的老照片，訴說古魯社遷徙的歷史往事。

南澳工作站古魯駐在所：原為「大元山工作站」，大元山林場後來併入大平山林場，大元山工作站改為「南澳工作站古魯駐在所」，現已裁撤。工作站旁的大元派出所，現在已重新整修過。這裡是現存古魯林道的終點，後續通往太平山翠峰湖的林道已經荒蕪，路況不明，成為登山客尋訪的祕境路線。

▲ 古魯林道

▲ 番社坑溪

松羅國家步道
昔日獵徑變身國家步道 溪流好風光

松羅步道享受森林浴
巨石瀑布聆聽水淙淙

松羅，泰雅族語「Syano」，是指檜木的意思，屬於泰雅族賽考力克群，發源於今南投縣仁愛鄉發祥村瑞岩部落，幾經遷徙，日治時代遷至現址。部落位於松羅溪匯入蘭陽溪的北岸，以松羅步道著名。

▲ 松羅步道飯糰石

▲ 松羅步道木橋及小瀑布

【景點 *Highlight*】

松羅步道：步道全長含支線約2公里，是昔日泰雅族的獵徑，沿著松羅溪溪岸而行。低海拔的溪谷濕潤環境，造就豐茂的植物景觀，沿溪森林翁鬱，步道平緩好走。從停車場的管制站出發，必須步行1.6公里產業道路，經過自來水淨水廠後，才會抵達正式的步道入口。

松羅溪：清澈的松羅溪，是松羅步道的仙子，為步道添增鮮活氣息。松羅溪曾擁有大量的台灣鯝魚（俗稱「苦花」），因為長期濫捕而幾近絕跡，後來部落實施封溪護魚，才重現魚群。

松羅橋：位於步道約0.8公里處，跨越松羅溪，原為吊橋，現在已改建為鋼構拱形橋，更方便遊客行走。過橋後，進入步道精華路段，沿松羅溪溪岸而行，溪水淙淙悅耳，是夏日消暑森林浴路線。

巨石瀑布：松羅步道沿途都有巨石，步道約0.7~0.8公里處有一圓弧狀的巨石，被稱為「飯糰石」，過松羅橋後，溪谷又有一塊三角狀的岩石，形似御飯糰。步道終點的溪谷，巨石錯落，水流急湍，形成一座小瀑布，就被稱為「巨石瀑布」。

▲ 松羅橋（鋼構拱形橋）

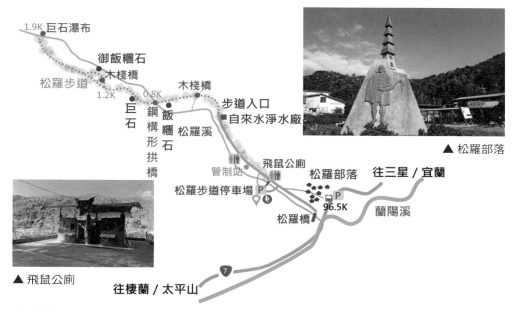

1.9K 巨石瀑布

御飯糰石
木棧橋

松羅步道

1.2K

巨石

0.8K

木棧橋

步道入口
自來水淨水廠

鋼構形拱橋

飯糰石

松羅溪

飛鼠公廁

管制站

松羅部落

往三星 / 宜蘭

松羅步道停車場 P

96.5K

蘭陽溪

松羅橋

往棲蘭 / 太平山

▲ 松羅部落

▲ 飛鼠公廁

交通資訊

【自行開車】地圖衛星導航輸入「松羅國家步道停車場」，即可抵達目的地，園區設有免費停車場。

【大眾運輸】搭乘1743、1743A、1744、1751、1798、綠12公車至松羅站，步行馬路約900公尺至松羅步道停車場。

附近景點

玉蘭茶園、九寮溪生態園區、芃芃溫泉。

旅行建議

松羅國家步道路程時間參考如下：松羅步道停車場→30分鐘 （1.6公里） →松羅步道入口→70分鐘 （2公里） →步道終點（巨石瀑布）。松羅國家步道假日管制車輛進入，非假日造訪時，可以開車至自來水淨水廠路旁空地停車。產業道路狹窄，留意會車及慢行。

▲ 松羅步道溪岸路段　　　　　　　　▲ 松羅步道終點——巨石瀑布

207

九寮溪生態園區

九寮溪 溪流美景 森林浴 戈霸瀑布

破礑溪東流激湍衝蕩
九寮溪生態園區悠遊

　　九寮原為泰雅原住民生活領域，九寮溪流經其間，日治時代伐樟製腦，沿山設置腦寮，這裡為第九座腦寮，因此稱為「九寮」，如今設有「九寮溪生態園區」，以九寮溪自然步道著名。

▲ 九寮溪自然步道

▲ 崖躍棧道

【景點 Highlight】

九寮溪：泰雅族人稱為「戈霸溪」，為蘭陽溪北岸的支流之一，源自雪山山脈，流至拳頭姆山附近，一路往東奔流而下，溪水強勁，衝入蘭陽溪，有「破向東邊」的氣勢，又被稱為「破礑溪」。

九寮溪自然步道：長約1.8公里，沿著九寮溪的溪岸，步道沿途分別經過篤農、豁雲、巴尬、哈隘、臨瀑等五座橋梁，穿梭於溪流兩岸，沿途溪水淙淙，

▲ 篤農橋

溪岸森林蓊鬱，更有不少鳥巢蕨攀附於樹幹，景觀原始自然，而且大部分路段都平緩好走，是一條極佳的森林浴健行路線。

戈霸瀑布：舊稱「九寮溪瀑布」，又稱「玉蘭瀑布」，位於步道終點。這裡設有觀瀑平台，面對著戈霸瀑布從對岸崖頂奔騰而下。戈霸（Ga-ba），泰雅族語，是指瀑布的水打在石頭上飛花碎玉的聲音。九寮溪的更上游還有一座破礑瀑布，須溯溪前往，不宜貿然深入。

停車場→60分鐘→九寮溪生態步道入口→40分鐘→戈霸瀑布

1.8K 戈霸瀑布
觀瀑平台
臨瀑橋
哈隘吊橋
巴尬吊橋
1K
豁雲橋
篤農橋
崖躍棧道
土石路
九寮溪
產業道路
泰雅獵人學校營地
景觀橋
拱管制站橋
泰雅大橋
往宜蘭
泰雅路一段
九寮溪生態園區旅遊服務中心
泰雅創意展售中心
涼亭 林間小徑
加油站
檢查哨(九寮溪) 101K
泰雅大橋
泰雅路二段
蘭陽溪
往天送埤
往太平山／梨山

◀ 園區停車場

交通資訊

【自行開車】地圖衛星導航輸入「九寮溪生態園區」，即可抵達目的地。園區設有公共停車場。

【大眾運輸】從宜蘭轉運站搭乘國光客運1743、1744、1751、綠12至檢查哨（九寮溪）站。

附近景點

玉蘭茶園、崙埤河濱公園（賞櫻）、松羅國家步道、芃芃溫泉、天送埤車站。

旅行建議

自備交通工具時，建議順道遊覽附近天送埤車站。從九寮溪生態園區入口附近通過泰雅大橋，即達三星鄉，天送埤車站就在附近。

▲ 豁雲橋

▲ 戈霸瀑布

芃芃溫泉
長期被外界誤寫的地名 芃芃溫泉

芃芃野溪溫泉泡湯樂
踏溪溯行尋覓桃花源

　　芃芃為泰雅族部落，社名「Bon-Bon」，是指鹿角茸的意思，後來因公路局設置站牌時，誤寫為「梵梵」，所以長久以來被誤稱為「梵梵」。芃芃部落，現稱「英士部落」，位於芃芃溪下游左岸，設有四季國小英士分校。

▲ 四季國小英士分校

▲ 芃芃溪河堤步道

【景點 Highlight】

四季國小英士分校：是一所美麗的小學校，校園有茵茵草地，遠山近水，風光旖旎，遠離塵囂，適合散步；也可以走入部落巷弄逛逛，領略泰雅部落風情。

芃芃溫泉：屬於野溪溫泉，位於芃芃溪溪谷的上游處，共有Ａ、Ｂ兩區溫泉池。入口就在四季國小旁，循著指標步行300公尺長的河堤步道，然後再沿著溪岸溯溪上行，約20分鐘即可抵達Ｂ區溫泉區，續往上游溯行不遠，即可抵達

▲ 芃芃溪

Ａ區溫泉池。由於溫泉區位於芃芃溪右岸，須渡過溪流才能抵達對岸。溪谷未設橋梁，僅有簡易繩索輔助，因此必須留意水流強度，慎選渡溪地點。

芃芃溪溯溪：芃芃溪下游河床開闊，落差不太，溪谷多為細小石塊，適合溯溪健行活動。沿著溪谷走往上游，漸漸遠離熱鬧遊客嬉戲的野溪溫泉，清澈的流水，水聲淙淙，兩岸蒼翠山林，令人有進入桃花源之感。可視個人體力及興致，步行至適當距離後，然後循原路折返。

▲ 芃芃部落

交通資訊

【自行開車】地圖衛星導航輸入「四季國小英士分校」，即可抵達目的地（台7線里程約88～89公里處英士橋旁進入英士部落）。學校旁設有免費停車場。

【大眾運輸】搭乘國光客運1744、1745、1750、1751、1764（經武陵農場）至芃芃站。

附近景點

棲蘭森林遊樂園、土場車站。

旅行建議

芃芃溫泉為無人管理的野溪溫泉，路況隨時因天氣變化而改變。建議選擇連續晴朗的天氣時前往，以免溪水水流急湍，涉溪發生危險。

▲ 芃芃溫泉B區

▲ 芃芃溫泉A區

無尾港
沒有出海口的沼澤濕地 水鳥保護區

無尾港水鳥保護區賞鳥
港邊社區漁人步道漫遊

　　無尾港位於蘇澳鎮港邊里，因位於七星嶺山腳下，地名「嶺腳」，百年前曾是武荖坑溪的出海口，後因颱風造成淤塞，河道北移，舊有河道形成沼澤地，無法入海，而被稱為「無尾港」。

▲ 無尾港港邊社區

▲ 無尾港水鳥保護區賞鳥平台

【景點 *Highlight*】

無尾港水鳥保護區：無尾港沼澤濕地，每年10月至翌年3月，吸引從西伯利亞遠來至蘭陽平原避冬的候鳥棲息。後來政府設立無尾港水鳥保護區，總面積約103公頃。保護區設有賞鳥步道及兩座賞鳥平台，提供遊客賞鳥。

港邊社區：設有無尾港解說中心（無尾港環境學習中心），社區內有港邊里福德廟、天主堂舊址、百年古井、石板屋及永安宮等景點。古井及石板屋是港邊社區先民就地取材，利用北方澳海邊豐富的片岩石板砌造的，饒富地方特色。

▲ 百年古井

漁人步道、泡泡湧泉：從港邊社區通往無尾港海邊的鄉村小路，途中有一條森林小徑走往泡泡湧泉，稱為「漁人步道」。漁人步道穿過海岸防風保安林，抵達泡泡湧泉區。這裡有數座天然湧泉形成的池塘，水底不斷冒出湧泉泡泡。漁人步道與鄉間小路會合後，續行鄉間小路不遠即抵達無尾港海邊，眺覽蘭陽平原海岸的最南端——北方澳岬角。

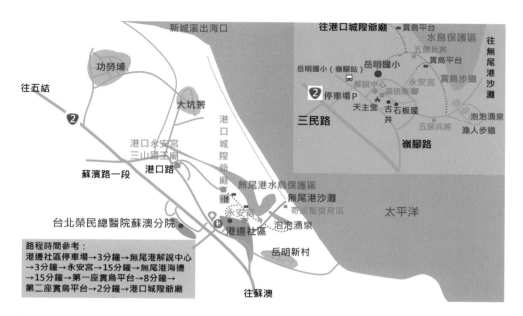

新城溪出海口

往港口城隍爺廟　賞鳥平台
水鳥保護區
五營兵將　賞鳥平台
功勞埔
岳明國小（嶺腳站）　岳明國小　賞鳥步道
往五結　　大坑罟　　　　　　　　　往無尾港沙灘
　　　　　解說中心
停車場P　永安宮
港口城隍爺廟　　　　　　三民路　天主堂　古石板屋　泡泡湧泉
　　　　　　　　井　　　　　漁人步道
港口永安宮　　　　　　　　　　五營兵將
三山國王廟　港口路　　　　　嶺腳路
蘇濱路一段

台北榮民總醫院蘇澳分院　　無尾港水鳥保護區
永安宮　　無尾港沙灘
　　　　寄居蟹復育區　　太平洋
港邊社區　泡泡湧泉

路程時間參考：
港邊社區停車場→3分鐘→無尾港解說中心
→3分鐘→永安宮→15分鐘→無尾港海邊
→15分鐘→第一座賞鳥平台→8分鐘→
第二座賞鳥平台→2分鐘→港口城隍爺廟

岳明新村

往蘇澳

交通資訊

【自行開車】地圖衛星導航輸入「無尾港環境學習中心」，即可抵達目的地。附近嶺腳路設
　　　　　　有免費停車場。

【大眾運輸】從羅東轉運站搭乘國光客運1797至岳明國小站（嶺腳）；或從蘇澳轉運站搭乘
　　　　　　幸福巴士藍線（南方澳線）至嶺腳站（週日停駛）。

附近景點

南方澳漁港、七星嶺登山步道、蘇澳冷泉。

旅行建議

建議遊覽路線：港邊社區停車場→無尾港解說中心→港邊里福德廟／天主堂／百年古井／百
年石板屋→永安宮→五營兵將→泡泡湧泉→無尾港海邊／寄居蟹復育區→賞鳥平台→港口城
隍爺廟→岳明國小→港邊社區停車場。環繞一圈約3小時（含休息及賞鳥）。

▲ 泡泡湧泉

▲ 無尾港水鳥保護區

213

內埤海灘
南方澳最美的海灘 內埤情人灣

內埤情人灣美麗沙灘
賊仔澳玻璃海灘奇岩

內埤位於南方澳的南側,早期為潟湖濕地,原是平埔族噶瑪蘭人的聚居地。後來開闢為南方澳的第二漁港,相對於第一漁港,其位置較偏內側,因此稱為「內埤」。

▲ 南方澳內埤漁港、內埤海灘

▲ 內埤海灘情人灣

【景點 *Highlight*】

內埤情人灣:內埤的外側海灣有一片潔淨的細砂礫石海灘,弧狀的海灣,海灘上有各種紋路及色彩的小礫石。海灘風景秀麗,適合情侶來此散步,因此有「情人灣」的浪漫美名。

北濱公園:內埤海岸設有「北濱公園」及海濱步道。公園入口的觀光涼亭內有展示南方澳漁港的老照片,公園內有觀景平台、兒童遊戲場、籃球場等遊憩設施。海濱步道沿途有幾家景觀咖啡店,讓遊客可以坐憩欣賞海天風光。

▲ 內埤海濱步道

賊仔澳玻璃海灘:位於內埤海灘的最北端猴猴鼻附近,相傳曾是海盜上陸之地,因此稱為「賊仔澳」。賊仔澳曾經做為蘇澳鎮公所的垃圾場,傾倒大量的廢棄玻璃瓶。經過多年海浪沖刷,海灘遺留不少圓潤的細小玻璃,而有「玻璃海灘」之稱,是南方澳一處祕境景點。從內埤北濱公園沿著海濱步道往北走,即可看見「賊仔澳」指標,經過附近聚落,約10分鐘路程即可抵達玻璃海灘入口。站在高處即可欣賞玻璃海灘及猴猴鼻的美景。特別是斜陽餘暉映照下,沙灘、礁岩、岬角、海水,光影交織變化,風景妙不可言。

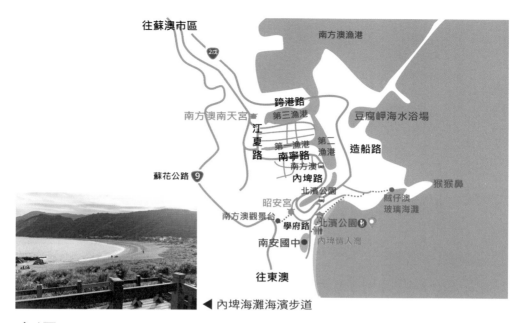

▲ 內埤海灘海濱步道

交通資訊

【自行開車】地圖衛星導航輸入「宜蘭內埤情人灣」，即可抵達目的地。北濱公園設有免費停車場。

【大眾運輸】從蘇澳轉運站搭乘幸福巴士南方澳藍線、國光客運1766、1767、1767A至北濱公園站。或搭乘國光客運1789（圓山轉運站—南方澳）至南方澳站。

附近景點

豆腐岬、南方澳觀景台、南方澳南天宮金媽祖、蘇澳冷泉（蘇澳火車站附近）。

旅行建議

內埤海灘屬於陡降型海灘，離海岸約10公尺即有深長暗溝，造成海浪反捲流，會將人捲到外海，屬於危險海域，請勿下海游泳戲水。賊仔澳玻璃海灘須拉繩攀爬下行才能抵達海灘，須特別注意安全。一般遊客建議在上方高處觀賞海灘及岬角風景，以免發生意外。

▲ 賊仔澳玻璃海灘

▲ 猴猴鼻

215

粉鳥林漁港
粉鳥林祕境熱門景點 東澳灣風情

東澳灣粉鳥林祕境
東岳湧泉蛇山步道

　　粉鳥林漁港位於東澳灣最南端的海角。台語稱「鴿子」為「粉鳥」，昔日此地的樹林有許多野鴿子棲息，因而稱為「粉鳥林」。粉鳥林漁港南倚南澳嶺，北臨東澳灣，岬灣美麗，海水湛藍，雖然只是一座小漁港，卻以風景著稱。

▲ 粉鳥林漁港

▲ 粉鳥林祕境

【景點 *Highlight*】

粉鳥林祕境：位於漁港東側堤防外，海岸遍布礁岩，岩石嶙峋，奇形怪狀，海水因海中各種礁石而呈現深淺色。海岸有礫石海灘。這處海灘因位於堤防外，須穿越消波塊，不易抵達，因此有「粉鳥林祕境」之稱。近年來已設置階梯及步道，方便遊客造訪，而成為粉鳥林漁港知名景點。

東澳灣：擁有長達約2、3公里的礫石海灘。東澳北溪、東澳南溪的出海口位於東澳灣北側，因河流沖積，形成平坦的大片礫石海灘，適合散步。東澳社區海濱公園位於粉鳥林大橋附近，路旁設有停車場。由此可進入東澳灣礫石沙灘。

▲ 粉鳥林祕境

▲ 東澳灣

交通資訊

【自行開車】
地圖衛星導航輸入「粉鳥林漁港」，即可抵達目的地。漁港旁設有停車場。

【大眾運輸】
從蘇澳轉運站或東澳火車站搭乘公車122至粉鳥林。

附近景點

東岳湧泉公園、蛇山步道、東澳部落。

旅行建議

從東澳火車站步行至粉鳥林漁港約3公里，步行時間約50～60分鐘。
東澳灣礫石海灘風景優美，建議步行至東澳北溪出海口。雨量少時，東澳北溪出海口出現伏流現象，形成無尾河的特殊景觀。

▼ 東澳灣

東岳湧泉：位於東岳部落蛇山的北面。湧泉的出現，源自於1998年北迴鐵路雙軌化工程開鑿隧道時，挖掘到地下水脈，造成湧泉奔流，鐵道工程因而改線。於是鄉公所在此地設立東岳湧泉公園，免費提供遊客使用，是一處夏日戲水消暑的景點。

蛇山：泰雅族語稱為「Babaw Kulu」，因步道盤旋如蛇而得名。從東澳派出所與東澳郵局之間的巷道進入，走到巷底即可看見步道入口。上行約15分鐘，即可抵達步道終點的林間生態教室及瞭望台。然後再原路折返。

▲ 東岳湧泉公園

▲ 蛇山步道

217

朝陽漁港
朝陽國家步道海天美景 龜山觀景台

大南澳平原黃金稻田
朝陽漁港烏石鼻風光

朝陽漁港，又稱「南澳漁港」，日治時代舊稱「速浪」，以紀念日艦速浪丸在此地登陸。速浪的台語發音似「娜娘仔」，成為地名，戰後更名為「朝陽」。朝陽位於南澳，日治時代因「漢番」隔離政策，將此地歸屬蘇澳鎮管轄，行政區域沿襲至今。

▲ 朝陽社區牌樓

▲ 大南澳平原稻田

【景點 Highlight】

朝陽國家步道：位於朝陽漁港南側的龜山。龜山，海拔181公尺，矗立於南澳海岸，為港口屏障，清代設有砲台，所以又稱「砲台山」。朝陽國家步道長2.1公里，有三個登山口。1號登山口就位於朝陽漁港安檢所旁。途中有觀景平台可以眺望朝陽漁港及烏鼻石岬角風光。抵達龜山山頂，可續行主線步道或從支線步道下山。

▲ 觀景平台眺望烏石鼻

砲台山觀景台：位於接近龜山山頂的突出山丘。清代砲台遺跡已消失，原址設有觀景平台，面向浩瀚太平洋，並可遠眺南澳觀音海岸。

羅大春開路紀念碑：清代同治十三年（1874）爆發「牡丹社事件」，日本出兵台灣。清廷急派遣欽差大臣沈葆楨赴台加強防務。福建陸路提督羅大春奉令率領十三營官兵，開闢蘇澳至花蓮奇萊之間的北路。北路完工後，羅大春囑咐僚屬在大南澳勒石立碑，以為紀念，後世稱為「羅大春開路紀念碑」。

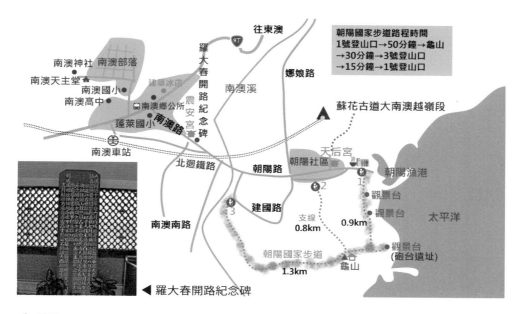

往東澳

羅大春開路紀念碑

南澳神社 南澳部落

南澳天主堂
南澳國小
南澳高中
蓬萊國小
建華冰店
南澳鄉公所
震安宮
南澳路
娜娘路

南澳溪

朝陽國家步道路程時間
1號登山口→50分鐘→龜山
→30分鐘→3號登山口
→15分鐘→1號登山口

蘇花古道大南澳越嶺段

天后宮
朝陽社區
朝陽路
朝陽漁港

北迴鐵路

南澳車站

建國路
南澳南路

支線
0.8km

0.9km

觀景台
觀景台

太平洋

朝陽國家步道
1.3km

龜山

觀景台
(砲台遺址)

◀ 羅大春開路紀念碑

交通資訊

【自行開車】地圖衛星導航輸入「朝陽漁港」（宜蘭縣蘇澳鎮），即可抵達目的地。漁港旁設有免費停車場。

【大眾運輸】搭乘台鐵宜蘭線至南澳車站，或從羅東轉運站搭公車201至南澳區公所站，再轉乘南澳鄉國光免費公車或觀光巴士至朝陽漁港（班次有限）。

附近景點

大南澳天后宮、蘇花古道大南澳越嶺段、南澳神社、南澳原生樹木園區。

旅行建議

南澳車站距離朝陽漁港約2公里，公車班次有限，亦可採取步行方式，步行時間約30～40分鐘，沿途順道參觀羅大春開路紀念碑。6月造訪，可以欣賞大南澳平原黃金稻穗美景。

▲ 朝陽國家步道

▲ 砲台遺址觀景台

219

Free019

大台北宜蘭小村 × 步道 100
Plus 達人全程帶隊影音版

作者｜ Tony（黃育智）
攝影｜ Tony（黃育智）
美術設計｜許維玲
編輯｜劉曉甄
校對｜翔瀠
企畫統籌｜李橘
總編輯｜莫少閒
出版者｜朱雀文化事業有限公司
地址｜台北市基隆路二段 13-1 號 3 樓
電話｜ 02-2345-3868
傳真｜ 02-2345-3828
劃撥帳號｜ 19234566 朱雀文化事業有限公司
e-mail｜ redbook@hibox.biz
網址｜ http://redbook.com.tw
總經銷｜大和書報圖書股份有限公司 02-8990-2588
ISBN｜ 978-626-7064-21-4
初版一刷｜ 2022.07
定價｜ 450 元
出版登記 北市業字第 1403 號

國家圖書館出版品預行編目

大台北宜蘭小村×步道100：Plus達人
全程帶隊影音版／Tony（黃育智）著
-- 初版. -- 臺北市：
朱雀文化，2022.07
面；公分 --（Free；019）
ISBN 978-626-7064-21-4（平裝）
1.CST: 臺灣遊記 2.CST: 人文地理
3.CST: 生態旅遊

733.6　　　　　　　111010107

About 買書：
●朱雀文化圖書在北中南各書店及誠品、金石堂、何嘉仁等連鎖書店均有販售，如
欲購買本公司圖書，建議你直接詢問書店店員。如果書店已售完，請撥本公司電話
02-2345-3868。
●●至朱雀文化網站購書（http://redbook.com.tw），可享 85 折優惠。
●●●至郵局劃撥（戶名：朱雀文化事業有限公司，帳號 19234566），掛號寄書不
加郵資，4 本以下無折扣，5 ～ 9 本 95 折，10 本以上 9 折優惠。

就是不怕曬

SUNCUT UV 曬可替

高效防曬噴霧 (極效防水型)	高效防曬隔離凝露 (極效防水型)	極度防禦 溫和防曬乳	極度防禦 美白防曬精華	透亮美肌 防曬隔離精華

日本原裝

- 全系列防曬係數SPF50+ PA++++
- 洗面乳・沐浴乳即可卸除
- 臉・身體可用
- 皆為抗汗・水・摩擦，防水型
- 質地清爽，不黏膩、不泛白

官方網站

Faceboook

Instagram